成年後見制度のソリューション

法人後見のてびき

利用促進の原動力「地域連携ネットワーク・中核機関」の構築運営に向けて

齋藤修一 監修

一般社団法人全国地域生活支援機構
金原和也／尾川宏豪 著

日本加除出版株式会社

「法人後見のてびき」推薦の言葉

　「法人後見」は，介護保険制度の創設と連動して行われた平成12年の成年後見制度改正の際に導入された。当時，社会福祉の分野では，既に各種の法人がさまざまな活動に従事して，目に見える成果を挙げていたことに触発されたものである。その期待に沿って，法人後見も，導入から約17年を経た今日，「多様な案件にも対応できる」，「永続性がある」，「ノウハウの蓄積が可能となる」といった長所を活かして，成年後見の分野で着実にその地歩を固め，勢力範囲を拡大しつつある。加えて，法人後見（専門職法人による後見を除く。）においては，受任した個々の事案の担当者に一般市民を充てる運用が一般的となっており，法人後見が後見人の職務を実践したいと望んでいる一般市民に活動の場を与える手段としても機能している。一般市民が個人として家庭裁判所から後見人に選任される場合であっても，当該市民に対して後見人養成講座を実施した法人が，いわばセットとして後見監督人に選任されるケースが多い。このように，わが国における市民後見人の現実の活動は法人に依存しているのであって，この面においても法人後見の社会的意義は大きい。これらの点に着目して，平成29年3月24日に成年後見制度利用促進法に基づいて閣議決定された「基本計画」においても，法人後見への期待が随所に示されており，市町村・都道府県が成年後見の担い手としての法人の育成・支援に努めるべきことなどが謳われている。

　本書は，「法人後見のてびき」と題して，成年後見活動を営む法人が取り組むべき数多くの課題を取り上げ，それぞれについて法人が留意すべき事柄とその具体的な実施の方法を説明するものである。課題の選定並びに留意事項及び実施方法のいずれについても，抽象的な法律論・制度論に拠るのではなく，現実の実務で生じたものを選定し，そこでの取扱いを紹介することに徹している。その明快で要を得た説明からは，後見人として適正に職務を遂行するためには，「本人にとっての最善の利益」の視点から実に多くの事項に「気づかなければならない」ことを，改めて思い知らされる。その意味で本書は，まさに成年後見の基本に立ち返った出色の「導きの書」と評することができよう。

　だから，本書は，現に法人後見を実施している人たち（当該法人の経営者，管理者，担当者等）にとっては，現在の後見人の職務のレベルアップを図る上での目標を設定するのに役立つことになろう。これから法人を立ち上げようとする人たちにとっては，諸々の不安感を払拭し，自信をもって計画を実施していく上での頼りになる道標の役割を果たすに違いない。また，後見人としての「気づき」が大切であることを教示する面では，一般的に後見人としての知識・経験に乏しい親族後見人にとっては格好のお手本になるであろうし，専門職後見人にとっても，特に身上保護の面での「気づき」の必要性の指摘は，大いに参考になると思われる。

　このように，本書は後見法人の職務遂行のあるべき姿を提示することを主たる内容とす

るものであるが，それだけではなく，後見活動の推進体制という面においても法人に有意性があることを強調している。特に注目に値するのは，次の２点である。その１は，「法人後見」という形式を借りて実質的な「親族後見」を実施しようという意欲的な発想である。周知のように，近時の家庭裁判所は，後見人の選任に当たって，本人に相当額の金融資産がある場合には，使い込み等を防止するため親族を後見人に選任しないという方針を採っている。このような画一的な選任方針の下では，本人の親族の中に後見人としての適任者（特に身上保護の面での適任者）がいる場合であっても，その者は後見人になることができないという事態が生ずる。このような不合理な事態を解消する一方策として，法人が当該案件を家庭裁判所から受任し，当該後見人適任の親族を法人の会員とした上で，当該案件の担当者に充てる（ただし，本人の財産の管理は法人の事務局が当たる）というのが上記の発想である。これは，親族後見の一部を法人後見に取り込むことによって親族後見の実を挙げようと意図するものにほかならない。

　もう１つ本書が強調しているのが，上記の「基本計画」が打ち出した「地域連携ネットワーク」の考え方を法人という器を通じて実現しようという意気込みである。「地域連携ネットワーク」というのは，全国いずれの地域においても必要な人が成年後見制度を利用することができるようにするため，各地域において，関係者を構成員として設けられる権利擁護支援の体制の名称である。その仕組みは，①地域の関係者等が「チーム」となって，本人を見守り，継続的に必要な措置を講じていく体制をつくる，②当該地域の専門職団体が必要に応じて上記のチームを支援する連携体制を構築する，③上記①及び②の機能・活動をコーディネートする中核機関を設けるというものである。しかるに，本書は，多様な人材によって営まれる法人の後見活動には，もともと「チームによる継続的な見守りと必要な措置の実施」という要素が含まれており，これに加えて，専門職者を顧問等に委嘱しておくことにより，適宜必要な指導・助言を得る体制を敷くことができると主張する（中核機関の役割は，もとより当該法人の管理者等が果たすことになろう）。この主張は，「基本計画」が提唱する地域連携ネットワークの要素はすべて後見活動を行う法人の体制の中に組み込まれている（法人後見は「基本計画」を先取りしている）という主張であり，同時にそれは，法人が今後形成されていく地域連携ネットワークの中核の一角となり得るという法人側の自信を表明するものでもある。

　このようにみてくると，「法人後見」という形態は，後見人がより良い職務遂行を果たすための条件を内包した，柔軟で，奥行きのある仕組みであることが分かる。そのガイドブックとなる本書を通じて，関係者の間に「法人後見」の合理性についての理解が深まり，その利用がさらに拡大していくことを願って，推薦の言葉の結びとしたい。

平成29年8月吉日

弁　護　士　小　池　信　行

「法人後見のてびき」はしがき

　2000年4月，禁治産制度を抜本的に衣替えしてスタートした成年後見制度は，進展する高齢社会に相応しい仕組みとするべく，補助類型や任意後見制度を新設するとともに，配偶者に限定されていた後見人の制限を撤廃し，配偶者以外の親族や第三者にも担い手の対象を広げ，複数後見や法人後見も認められることになりました。しかし，昨年末の利用件数は約20万件に留まる上，世間一般に周知されておらず，利用に関して社会のコンセンサスを得られているとは言えません。また，一部後見人等による財産の着服横領は，制度に対する信頼を揺るがす一方，親族後見人の割合は3割を割り込み，身上保護の担い手として最も相応しい身近な家族等は，後見業務から遠ざけられる状況にあります。このような中，促進法（2016年5月施行）に基づく基本計画が，本年4月スタートしました。「チーム」による後見と「協議会」等によるチーム支援を柱とする「地域連携ネットワーク」を地域ごとに構築し，市町村単位で，ワンストップ機能を有する「中核機関」を設置することが明らかになりました。

　基本計画が目指す本人の意思決定支援や身上の保護の重視の流れの中で，地域連携ネットワーク・中核機関が機能するためには，法人後見を成年後見制度のソリューションと捉え，地域ごとに法人後見機能を確保することが不可欠であるという想いを強くしました。これまで詳解されることがなかった法人後見の仕組みを解説し，メリットや課題を明らかにする必要性を感じたのが，本書執筆のきっかけです。

　法人後見は，長期間にわたる後見が可能な上，医療・介護・福祉・金融・士業・地域住民等の様々な能力やスキルを持った人材が法人に参加することで，多面的な視点から意思決定支援や身上保護を行うことができます。身近な親族も法人の担当者として後見業務に参加すれば，実質的な親族後見の実現となります。また，複数の担当者による後見業務は，相互牽制による厳格な財産管理を可能にするとともに，相互補完による個々の担当者の負担を軽減することにもつながります。このように，法人という器や仕組みを活用することによって，本人・後見人双方に多くのメリットをもたらすのが，法人後見の特徴と言えましょう。基本計画においても，後見の利用増加に伴う担い手の確保の意義を認め，市民による後見業務の受入れの有効性や，障害者の後見における有用性に関する記述がみられます。

　法人後見に対しては，よく「担当者の顔が見えない」との指摘を見聞しますが，実際の事例では，基本的に後見終了まで担当者が任命されており，個人後見と何ら変わることはありません。また，「意思決定が遅い」との指摘は，実際の事例でも見られるところ，法人の自助努力も必要ですが，法人としての意思決定プロセスの合理化・明確化を図ること

で，個人後見にはない利点もあると考えます。誤解を招かないように申し上げますが，筆者は，個人後見と法人後見を対立軸で考えているわけではありません。後見人は，あくまで個々の事案に応じて決定されるべきです。しかし，独居高齢者が増え，家族による見守りや寄り添い機能が脆弱化している現代社会においては，法人後見の機能をうまく活用していくことが，時代の要請に応えるものとなりましょう。地域連携ネットワークのチームによる後見の本質は，本人の後見ニーズに合わせて，最適な後見機能を提供することであり，それを一つの組織で体現するのが，法人後見であります。法人後見は，チームによる後見そのものと言ってよいのではないでしょうか。

　本書では，基本計画の目指す姿を踏まえ，意思決定支援・身上保護の観点からの解説に重点を置き，日々の後見業務における判断の道標としての役割を果たせるような内容を目指しました。主に，法人後見の主体となる市民後見法人や社会福祉協議会の担当者向けの手引書・参考書としての活用を想定しています。また，成年後見の利用促進にあたる自治体の担当者，成年後見と関わりが深い医療・介護関係者，民間事業者，さらには，個人の後見人の方々にも，ぜひご一読をお勧めします。多くの方が，法人後見について理解を深めていただくとともに，利用者がメリットを実感できる制度の運用改善につながれば，筆者には大きな喜びです。

　本書の執筆にあたっては，実際に市民後見法人で活躍されている方々を訪ね，法人の運営方法や，実体験に基づく現場の声をお聞きしました。特に，市民後見法人を維持運営していくことの難しさや悩みを伺うことができました。これらのご意見・情報等は，第1章から第7章において，「参考事例」として紹介しております。快く取材にご協力いただいた市民後見法人の皆様には，この場を借りて厚く御礼を申し上げます。

　また，品川成年後見センター所長の齋藤修一氏には，監修の労を賜るとともに，実際に使用されている資料のご提供も含め，多大なご協力・ご尽力をいただきました。あらためて御礼を申し上げます。また，弁護士の遠藤英嗣先生，行政書士の廣末志野先生にも，法的論点の解釈等につき，貴重なご示唆をいただきました。最後に，本書の企画出版をご指導いただいた日本加除出版の佐藤慎一郎氏，野口健氏に，深く御礼申し上げます。

2017年8月

金　原　和　也

尾　川　宏　豪

〔原稿を書き終え，校正の最中に，齋藤修一氏のご逝去という悲報に接しました。信念を持って成年後見の利用促進に尽くして来られた氏の霊前に，感謝を込めて本書を捧げます。〕

凡　例

法　律

憲　法	日本国憲法
一般法人法	一般社団法人及び一般財団法人に関する法律
公益法人法	公益社団法人及び公益財団法人の認定等に関する法律
NPO法	特定非営利活動促進法
任意後見法	任意後見契約に関する法律
後見登記法	後見登記等に関する法律
促進法	成年後見制度の利用の促進に関する法律
円滑化法	成年後見の事務の円滑化を図るための民法及び家事事件手続法の一部を改正する法律
個人情報保護法	個人情報の保護に関する法律
番号法	行政手続における特定の個人を識別するための番号の利用等に関する法律
精神保健福祉法	精神保健及び精神障害者福祉に関する法律
高齢者虐待防止法	高齢者虐待の防止，高齢者の養護者に対する支援等に関する法律
障害者虐待防止法	障害者虐待の防止，障害者の養護者に対する支援等に関する法律
障害者雇用促進法	障害者の雇用の促進等に関する法律
障害者差別解消法	障害を理由とする差別の解消の推進に関する法律
障害者総合支援法	障害者の日常生活及び社会生活を総合的に支援するための法律
特定商取引法	特定商取引に関する法律

主　体

本　人	成年被後見人，被保佐人，被補助人，任意後見契約の本人の総称
後見人	成年後見人，保佐人，補助人，任意後見人の総称
監督人	成年後見監督人，保佐監督人，補助監督人，任意後見監督人の総称
NPO法人	特定非営利活動法人
ケアマネ	介護支援専門員・ケアマネジャー
ヘルパー	訪問介護員・ホームヘルパー

その他

基本計画	成年後見制度利用促進基本計画

参 考 文 献

小林昭彦・大鷹一郎・大門匡編「新版一問一答新しい成年後見制度」（商事法務）

池田惠理子・冨永忠祐・小嶋珠美・田邉仁重・新保勇「法人後見実務ハンドブック」（民事法研究会）

公益社団法人成年後見センター・リーガルサポート編「市民後見人養成講座1・2・3」（民事法研究会）

赤沼康弘・池田惠理子・松井秀樹「Q&A成年後見実務全書第1巻〜4巻」（民事法研究会）

赤沼康弘・土肥尚子「事例解説成年後見の実務」（青林書院）

遠藤英嗣「高齢者を支える市民・家族による新しい地域後見人制度」（日本加除出版）

渡部朗子「身上監護の成年後見法理」（信山社）

島村八重子「はじめて介護保険を使うときに読む本」（宝島社）

五十嵐禎人「成年後見人のための精神医学ハンドブック」（日本加除出版社）

生活保護制度研究会編集「生活保護のてびき平成28年度版」（第一法規）

一般財団法人民事法務協会「市民後見ハンドブック2012年11月版」

新井誠監訳・紺野包子翻訳「イギリス2005年意思能力法・行動指針」（民事法研究会）

公益社団法人成年後見センター・リーガルサポート編著「成年後見監督人の手引き」（日本加除出版）

日置巴美・板倉陽一郎「個人情報保護法のしくみ」（商事法務）

清家篤「金融ジェロントロジー」（東洋経済新報社）

廣末志野・田口乙代・佐伯茂樹「さあ大変！どうする？身内が亡くなったあとの始末」（北辰堂出版）

日本ファンドレイジング協会「寄付白書2015」

一般社団法人財形福祉協会『認知症ケアパスを適切に機能させるための調査研究事業検討委員会報告書』2014年3月

参 考 資 料

千葉県社会福祉協議会『社会福祉協議会法人後見マニュアル』2012年2月

千葉県・千葉県社会福祉協議会『成年後見制度市町村申立マニュアル』2013年3月

新潟県『成年後見制度法人後見業務マニュアル』2015年2月

北海道保健福祉部『後見実施機関運営等マニュアル』

名古屋市・名古屋市成年後見あんしんセンター『支援者のための成年後見制度活用ハンドブック』2014年3月

社会福祉法人全日本手をつなぐ育成会『後見支援センターマニュアル』2007年1月

特定非営利活動法人PASネット『法人後見のあり方等に関する調査研究事業報告書』2014年3月

特定非営利活動法人PASネット『法人後見実施のための研修テキスト』2015年3月

特定非営利活動法人地域ケア政策ネットワーク『市民後見に関する調査報告書』2015年3月

特定非営利活動法人地域ケア政策ネットワーク『後見実施機関の運用に関する調査研究事業報告書』2015年3月

特定非営利活動法人地域ケア政策ネットワーク『成年後見制度利用促進・市民後見事業に関する全国調査報告書』2017年3月

特定非営利活動法人よこはま成年後見つばさ『成年後見制度の理解促進及び適切な後見類型の選択につなげることを目的とした研修の開発及び，法人後見における利益相反に関する研究』2017年3月

一般社団法人日本老年医学会『フレイルに関する日本老年医学会からのステートメント』2014年5月

一般社団法人財形福祉協会『認知症ケアパスを適切に機能させるための調査研究事業検討委員会報告書』2014年3月

東京大学政策ビジョン研究センター市民後見研究実証プロジェクト『後見機能実装型生活支援サービス創出支援事業成果報告書　地域生活サポート事業の創出』2014年2月

税所真也『高齢者の地域生活における成年後見人による支援』明治安田こころの健康財団研究助成論文集第50号（2014年度）2014年

三輪まどか『高齢者の意思能力の有無・程度の判定基準』横浜法学第22巻第3号2014年3月

税所真也『金融機関における成年後見制度の必要性』ゆうちょ資産研究第22巻2015年10月

税所真也『成年後見制度を必要とする社会』季刊福祉労働第152号2016年9月

協力団体一覧

特定非営利活動法人 WITH（茨城県常総市）

特定非営利活動法人 かつしか市民後見センター（東京都葛飾区）

特定非営利活動法人 市民後見かわぐち（埼玉県川口市）

特定非営利活動法人 市民後見サポートセンター和（東京都小平市）

一般社団法人 しんきん成年後見サポート（東京都品川区）

特定非営利活動法人 成年後見なし坊あんしんサポート（千葉県白井市）

特定非営利活動法人 成年後見なのはな（千葉県千葉市）

特定非営利活動法人 西入間あんしん市民後見人の会（埼玉県鶴ヶ島市）

目　次

第1章　法人後見の概要

1−1　法人の種類と選任状況 ———— 2

法人が後見人になることはできますか。どんな種類の法人が後見人として活動していますか。

column 法人後見の意義と展望　3

1−2　後見法人の設立 ———— 6

後見法人を設立するには，どのようにすればよいですか。

column 特定非営利活動促進法の改正　7

1−3　法人後見のメリット／デメリット・課題 ———— 8

法人後見のメリットは何ですか。デメリットや課題はありますか。

第2章　後見法人の運営管理

2−1　組織体制 ———— 12

後見法人の組織体制は，どのようにすればよいですか。

column 促進法　13

2−2　意思決定と決裁基準 ———— 14

後見法人の意思決定機関はどこですか。決裁基準や理事会への付議基準は，どのように整備すればよいですか。

2−3　規程の整備 ———— 16

後見法人が定めるべき規程には，どのようなものがありますか。

2−4　受任の体制 ———— 18

担当者の決定は，どのようにすればよいですか。担当者のバックアップや引き継ぎは，どのように考えればよいですか。親族を担当者にすることはできますか。

ひとくちメモ　市民後見人とは　19

2−5　構成員の管理 ———— 20

法人の構成員の管理は，どのようにすればよいですか。

2−6　個人情報保護と情報共有 ———— 22

個人情報保護と情報共有は，どのようにすればよいですか。オフィスやパソコン等の情報セキュリティ管理の留意点は何ですか。

column 個人情報保護法の改正　23

column マイナンバー制度　25

column 家庭裁判所におけるマイナンバーの取扱い　25

2-7　後見業務に関連する法令・制度 ──────── 26

後見業務に関連する法令や制度には何がありますか。コンプライアンス上の留意点は何ですか。

column 成年後見制度利用支援事業　27

2-8　リスク管理 ──────────────────── 28

後見業務に係るリスクには，どのようなものがありますか。リスク管理は，どのようにすればよいですか。

ひとくちメモ　施設管理者賠償責任保険・ボランティア保険とは　29

2-9　利害対立・利益相反 ──────────────── 30

利害対立や利益相反の有無については，どのように考えればよいですか。夫婦や親子など複数の親族の受任を行うことはできますか。

column 社会福祉法人制度の改革　32

ひとくちメモ　身元保証・身元引受とは　35

2-10　苦情相談対応 ──────────────────── 36

本人や親族からの苦情や相談への対応は，どのようにすればよいですか。

2-11　地域資源との関わり ──────────────── 38

自治体等から受任の打診を受けるためには，どのようにすればよいですか。適切な活動地域の範囲や受任件数の目安はありますか。

2-12　人材の確保と育成 ──────────────── 40

後見業務に携わる人材の確保や育成は，どのようにすればよいですか。

2-13　財源確保の方法・手段 ──────────────── 42

財源確保の方法・手段には，どのようなものがありますか。後見業務以外に収益事業を営むことはできますか。

column 事業運営に係る助成　43

ひとくちメモ　ファンドレイジングとは　43

第3章　後見受任時の事務

3-1　受任打診を受けた時の対応判断 ───────── 46

自治体や地域包括支援センター等から受任打診を受けた時，受任するかどうかの判断は，どのように考えればよいですか。

3－2　申立支援時の対応方法 ———————————— 48

後見の申立支援を行うときは，どのようにすればよいですか。

3－3　任意後見契約の締結 ———————————————— 50

任意後見契約を締結するときは，どのようにすればよいですか。

column 民事信託の併用・推進　51

3－4　任意後見監督人選任の申立て ———————————— 52

任意後見監督人選任の申立ては，どのようにすればよいですか。

column 任意後見監督人の候補者の指定　53

3－5　審判確定直後の業務 ———————————————— 56

審判確定直後の業務には，何がありますか。

3－6　後見人就任に係る手続き ————————————— 58

後見人に就任した旨の届出先には，どのような機関がありますか。本人宛
の郵便物の転送は，どのようにすればよいですか。

ひとくちメモ 信書とは　59

column 円滑化法（郵便物の転送）　59

3－7　後見業務の方針と計画（後見支援プラン） ———— 60

後見業務の方針や計画（後見支援プラン）の策定は，どのようにすればよ
いですか。

3－8　書類等の受領と財産状況調査 ———————————— 64

本人や親族から引渡しを受ける書類には，何がありますか。財産状況の調
査は，どのようにすればよいですか。

3－9　家庭裁判所への初回報告 ————————————— 66

家庭裁判所への初回報告の書類には，どのようなものがありますか。

第4章　後見受任中の事務（身上保護）

4－1　本人との面談 ———————————————————— 70

本人との面談は，どのようにすればよいですか。

ひとくちメモ マカトン・サインとは　71

4－2　見守り体制 ————————————————————— 72

本人の定期見守りは，どのようにすればよいですか。

4－3　親族や友人との関わり方 ————————————— 74

本人の親族や友人との関わり方は，どのようにすればよいですか。親族か
ら財産内容の開示を求められたときは，どうすればよいですか。

column 障害者差別解消法　75

column 意思決定支援ガイドライン　75

4−4 受任案件会議の運営 ————————————————— 76

受任案件会議の運営は，どのようにすればよいですか。

ひとくちメモ　ケース会議とは　77

ひとくちメモ　オープン・ダイアローグとは　77

4−5 担当者の権限 ————————————————————— 78

担当者の権限については，どのように考えればよいですか。

4−6 健康管理・予防接種 ——————————————————— 80

本人の健康管理は，どのようにすればよいですか。健康診断の受診や予防接種を受ける必要はありますか。

column 病気の告知について　81

column 高齢者のための総合診療医について　81

4−7 医療関係者・介護事業者との関わり方 ———————————— 82

医療関係者や介護事業者との関わり方は，どのようにすればよいですか。

ひとくちメモ　サービス担当者会議（ケアカンファレンス）とは　83

4−8 入院・事故等発生時の対応 ——————————————— 84

本人が急病等で入院する場合の対応は，どのようにすればよいですか。交通事故や危篤状態等，緊急時の対応は，どのようにすればよいですか。

4−9 介護・福祉サービスの契約の確認 ————————————— 86

介護や福祉サービスの契約の確認は，どのようにすればよいですか。

ひとくちメモ　セルフケアプランとは　87

4−10 医療同意・事前意思の確認 ——————————————— 88

医師から医療同意を求められた時の対応は，どう考えればよいですか。本人の事前意思の確認は，どのようにすればよいですか。

column 終末期ガイドライン　89

column 後見人の医療同意　89

第 5 章　後見受任中の事務（財産管理）

5−1 日常の金銭管理・支払事務 ——————————————— 94

日常的な小口現金の取り扱いや管理体制は，どのようにすればよいですか。施設入居時の金銭管理や日常生活上の支払事務は，どのようにすればよいですか。

5−2 金融機関との取引 ——————————————————— 96

金融機関との取引は，どのようにすればよいですか。

ひとくちメモ 制限行為能力者とは　97

5−3 **後見事務費用の管理** ―――――――――――――――――― 98

後見事務費用の管理や立替えの精算は，どのようにすればよいですか。

5−4 **契約内容の確認と契約締結** ――――――――――――――― 100

既存の契約は，どのように管理すればよいですか。後見人として契約を締結する場合には，どのようにすればよいですか。保険契約については，どのようにすればよいですか。

ひとくちメモ 指定代理請求とは　101

column 民法（債権法）の改正　101

5−5 **介護施設入居にあたっての準備** ――――――――――――― 102

介護施設への入居にあたって準備することはありますか。住民票の異動は必要ですか。

column 医療施設・介護施設の評価　103

ひとくちメモ 住所地特例とは　103

5−6 **介護施設入居時の自宅管理** ――――――――――――――― 104

介護施設入居時の自宅の管理は，どのようにすればよいですか。

5−7 **自宅の処分** ―――――――――――――――――――――― 106

本人の自宅を処分する場合は，どのようにすればよいですか。

5−8 **有価証券の管理** ―――――――――――――――――――― 108

有価証券の管理は，どのようにすればよいですか。

column 後見人の株主権行使　109

5−9 **自宅以外の不動産・重要な動産等の管理** ――――――――― 110

自宅以外の不動産や重要な動産等の管理は，どのようにすればよいですか。

5−10 **相続発生時の対応** ――――――――――――――――――― 112

本人に相続が発生したときは，どのようにすればよいですか。

column 民法（相続法）の改正　113

5−11 **消費者被害・訴訟等への対応** ―――――――――――――― 114

消費者被害に遭った場合は，どのようにすればよいですか。訴訟等の必要がある場合は，どのようにすればよいですか。

column 消費者契約法の改正　115

5−12 **納税関係** ―――――――――――――――――――――――― 116

申告納税が必要な税金には，どのようなものがありますか。確定申告の要否や税理士への依頼等は，どのように考えればよいですか。

第6章 後見受任中の事務（その他）

6-1 障害者の後見業務 ——————————————— 120

障害者の後見業務は，どのようにすればよいですか。障害年金や福祉の手続きは，どのようにすればよいですか。

6-2 障害者の就労支援 ——————————————— 124

障害者の就労支援は，どのようにすればよいですか。

ひとくちメモ 障害者の雇用義務・特例子会社とは　125

6-3 生活保護の申請 ——————————————— 126

生活保護の申請は，どのようにすればよいですか。

column 生活保護法の改正　127

6-4 生活保護受給者の後見業務 ——————————————— 128

生活保護受給者の後見業務は，どのようにすればよいですか。ケースワーカーとの対応は，どのようにすればよいですか。

ひとくちメモ ケースワーカーとは　129

ひとくちメモ 準禁治産制度とは　129

6-5 外出等暮らしの楽しみの支援 ——————————————— 130

外出や墓参りの付添い，旅行等の支援は，どのようにすればよいですか。

6-6 受任案件の管理 ——————————————— 132

受任案件のタスク管理・期日管理は，どのようにすればよいですか。

6-7 書類等の保管 ——————————————— 134

保管すべき重要書類には，どのようなものがありますか。保管管理は，どのようにすればよいですか。

6-8 貸金庫の利用 ——————————————— 136

貸金庫を利用する必要がありますか。利用する場合の管理は，どのようにすればよいですか。

6-9 後見業務の記録と記載方法 ——————————————— 138

後見業務において記録すべき内容には，何がありますか。後見業務の記録に関する記載は，どのようにすればよいですか。

6-10 監督人や家庭裁判所への報告・連絡・相談 ——————————————— 140

監督人や家庭裁判所への報告・連絡・相談は，どのようにすればよいですか。

column 家庭裁判所への定期報告・残高証明書の提出　141

6-11 報酬付与の申立て ——————————————— 142

報酬付与の申立ては，どのようにすればよいですか。付加報酬を求めることはできますか。

第 7 章 後見終了時の事務

7-1 後見の終了・後見人の交代 —————— 146
後見の終了事由には，どのようなものがありますか。後見人を交代する場合には，どのようにすればよいですか。

7-2 本人が亡くなるまでの準備 —————— 148
本人が亡くなる場合に備えて，準備しておくべきことはありますか。

7-3 本人死亡後（後見終了後）の事務 —————— 150
本人が亡くなった後に行う業務には，何がありますか。死後事務は，どのようにすればよいですか。

column 円滑化法（死後事務の範囲）　151

7-4 後見終了の手続き —————— 152
後見終了手続には，何がありますか。最終報告書の作成は，どのようにすればよいですか。

ひとくちメモ 準確定申告とは　153

7-5 管理財産の相続人への引渡し —————— 154
管理財産を相続人へ引き渡す際の留意点はありますか。相続財産管理人選任の申立ては，どのようにすればよいですか。

ひとくちメモ 不在者財産管理人とは　155

ひとくちメモ 相続財産管理人とは　155

第 8 章 自治体・社会福祉協議会の取組み

第1節　法人後見の受任状況 ···································· 158
第2節　自治体の取組状況 ·· 161
第3節　法人後見の体制整備 ·· 170
第4節　法人後見実施の流れ ·· 172

資 料 編

NPO法人定款記載例 ·· 176
市民後見人等第三者後見人による任意後見契約文例 ·············· 191

第 **1** 章

法人後見の概要

1-1 法人の種類と選任状況

Q 法人が後見人になることはできますか。
どんな種類の法人が後見人として活動していますか。

A 法人は後見人になることができますが，法人格を有する必要があります。後見業務を行うにあたって，法人の種類を制限する法令上の規定はありませんが，成年後見制度の目的・理念と，法人の目的・事業の種類・内容が適合しない法人は，後見法人として相応しくないと思われます。

選任されている法人には，社会福祉協議会等の社会福祉法人や，弁護士法人・司法書士法人等の専門職法人のほかに，NPO法人や一般社団法人等の市民団体等があります。

解説

●**法人後見が認められた経緯・法令上の根拠**

成年後見制度の創設時，後見の担い手を広く求めることから，法人にも後見業務を行うことが認められました。民法においては，後見人について「人」としか規定していないことや，法人の受任を前提とした規定の存在から，法人が後見の受任を行うことは認められると考えられています（民法843条4項，876条の2第2項，876条の7第2項）。なお，平成24年4月からは，未成年後見の受任も認められています（民法840条2項）。

●**法人の受任要件**

後見人は，代理人として法律行為を行うことから，権利主体となる法人格の保有が必要であり，任意団体や権利能力なき社団が，後見人に就任することはできないと考えられます。

法人後見の選任においては，事業の種類及び内容，法人・代表者と本人との利害関係の有無が考慮されます（民法843条4項）。株式会社のような営利法人の後見受任について，これを制限する法令上の規定はありませんが，制度の目的・理念に鑑みると，一般的に法定後見の受任は難しいと考えられます。任意後見契約の締結についても，法人の目的・理念に照らして判断すべきものと考えられます。

●**法人後見の選任状況**…図表1-1-1～1-1-4参照

最高裁判所の統計では，「社会福祉協議会」と「その他法人」のほか，「市民後見人」や士業専門職の一部（それぞれの件数に含まれています）が法人後見の選任件数と考えられます。「その他法人」の内訳件数は，公表されておりませんが，主にNPO法人や一般社団法人による受任と考えられます。

参照QA 2-9

図表 1-1-1　法人の種類と選任状況

	種　類	根拠法	選任※
営利法人	株式会社，合同会社等	会社法	―
営利法人	弁護士法人，司法書士法人，行政書士法人，税理士法人等	各士業法	あり
非営利法人	一般社団法人，一般財団法人	一般法人法	あり
非営利法人	公益社団法人，公益財団法人	公益法人法	―
非営利法人	社会福祉協議会，社会福祉法人等	社会福祉法	あり
非営利法人	特定非営利活動法人	NPO法	あり
非営利法人	特例民法法人／学校法人／宗教法人／医療法人	民法／私立学校法／宗教法人法／医療法	―
非営利法人	農業協同組合等／共済組合・健康保険組合等	農業協同組合法／各種共済組合法等	―
公的法人他	国・地方公共団体特殊法人／認可法人等，外国の法人等	特殊法人ごとの根拠法等	―

※公表資料において選任状況が確認できている場合のみ「あり」としています

column　法人後見の意義と展望

　基本計画案に対するパブリックコメント等をみると，成年後見は個人後見が原則であり，法人後見は補完的・限定的に位置づけるべきだとの意見が見られます。また，法人後見は，従来から，「顔が見えにくい」「意思決定が遅い」「コストがかかる」等の指摘も散見されるところです。

　しかし，今般の基本計画で目標とされている成年後見の利用促進や，後見人の不正防止に対しては，法人後見の仕組みが最も理にかなっていること，法人に属する担当者※は，原則として専任で本人の後見業務を担当するのであって，その意味で，個人後見と何ら変わりはないこと等を，広く世の中に知らしめていく必要があります。

　2017年3月に閣議決定された基本計画においても，利用増加に伴う担い手の育成として，法人後見が挙げられています。また，後見業務は「チーム」による対応が基本とされているところ，法人後見の体制そのものが，既にチームとしての機能を発揮していると考えることができるでしょう。

　※　本書では，利用者本人に対してface to faceで身上保護等の後見業務を行う者を「担当者」と呼びます。

参考事例

- ケアマネ・看護師等，福祉職のOGが設立している事例や，金融機関のOBOGが設立する事例があります。

第1章　法人後見の概要　**3**

図表 1-1-2　後見人の選任状況

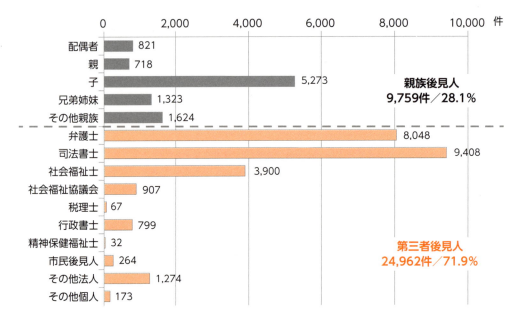

最高裁判所「成年後見関係事件の概況（平成28年1月～12月）」より作成

図表 1-1-3　後見人の選任状況の推移

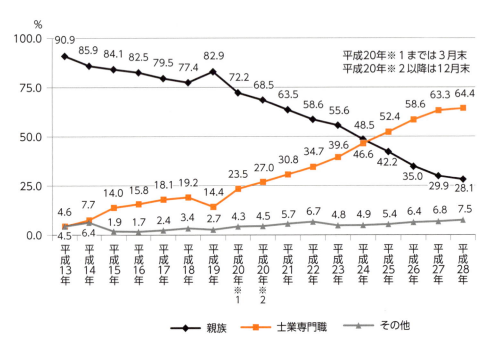

最高裁判所「成年後見関係事件の概況（平成13年3月～平成28年12月）」より作成

第1章　法人後見の概要

図表 1-1-4　第三者後見人の選任状況

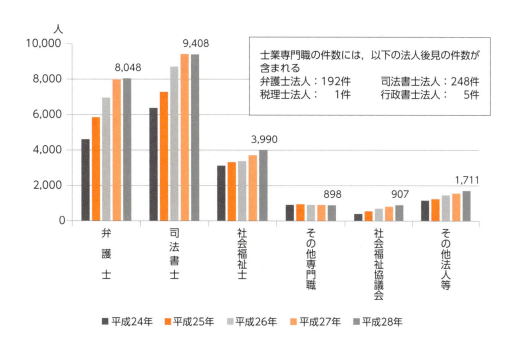

最高裁判所「成年後見関係事件の概況（平成28年1月〜12月）」より作成

1-2 後見法人の設立

Q 後見法人を設立するには，どのようにすればよいですか。

A 　後見法人の設立にあたっては，法人の法定設立要件を満たすとともに，後見業務の遂行に向けた経営理念や受任に向けた覚悟を持つことが必要です。

　法定設立要件では，定款の目的において，後見の受任を行うことを明確に定めること等があります。後見法人を適切に運営していくためには，後見の受任に向けた戦略・事業計画の策定や，適切なマネジメント，地域社会との連携，安定的な財源の確保等が大切なポイントとなります。

解　説

●法定の設立要件…図表1-2参照

　後見法人をどのような法人形態にするか（NPO法人か一般社団法人か等）については，法人の信頼性の確保，経営の自由度，税等の優遇措置等から判断すればよいでしょう。

　例えば，NPO法人であれば，10名の発起人を集める必要があり，所轄庁の認証が必要となります。定款認証にあたっては，定款の目的に，後見の受任を明記することが必要です（NPO法10条他，一般法人法22条他）。

●理念の共有と受任の覚悟

　後見法人を適切に運営していくためには，以下のような点に留意する必要があると思われます。

- 理念の共有：解決すべき社会問題及び実現したい社会を明確に定義しているか。構成員の中で，ビジョンやミッションが共有されているか。
- 後見受任の覚悟：理事や監事は，後見の受任を続けていく覚悟を持っているか。後見法人の維持存続が自己目的化していないか。
- 戦略・事業計画・目標：戦略を立てているか。具体的な計画目標があるか。
- マネジメント：適切なマネジメント人材を確保しているか。理事や監事の間の意思統一が図れているか。
- 地域連携：地域社会からの認知や，信用・信頼の獲得に努めているか。
- 財源確保：寄付・遺贈や収益事業等，安定財源の確保に努めているか。

第1章　法人後見の概要

図表 1-2 法人の設立要件

要件	NPO法人	一般社団法人
設立に必要な正会員等の数	10人	2人以上
正会員等の入会制限	入会制限は不可	入会制限は可能
議決権の数	一人一票	定款の定め
必置機関	社員総会・理事・監事（理事会は任意）	社員総会・理事（理事会・監事は任意）
設立に必要な役員の人数	理事3名以上・監事1名以上・合計4名以上	理事1名
役員要件	欠格事由・親族制限等	欠格事由
設立に必要な財産額	0円	0円
設立に必要な経費	0円	11万2千円（定款認証＋印紙代）
活動内容の制限	公益増進に寄与	制限なし
所轄庁への報告義務	あり	なし
法人税・法人住民税の免除	税法上の収益事業を行わなければ免除あり	免除なし
設立に係る平均的な期間	4～5ヶ月	2～3週間

 column 特定非営利活動促進法の改正

2017年4月1日，改正特定非営利活動促進法が施行されました（一部未施行）。改正の主なポイントは，以下の5点です。

- 認証申請時の添付書類の縦覧期間が短縮（2ヶ月→1ヶ月）
- 貸借対照表の公告が必要（「資産の総額」の登記が不要），公告方法は定款で記載
- 事業報告書等（事業報告書，活動計算書，貸借対照表，財産目録，年間役員名簿，社員名簿）の備置期間が3年→5年に延長
- 内閣府NPOポータルサイトにおける情報提供の拡大
- 仮認定特定非営利活動法人の名称を，特例認定特定非営利活動法人に変更

参考事例

- 設立時の自治体や社会福祉協議会への挨拶は後回しにして，真っ先に高齢者ニーズを把握している介護事業者等にコンタクトを図った結果，多数の受任につなげている事例があります。

1-3 法人後見のメリット／デメリット・課題

Q 法人後見のメリットは何ですか。
デメリットや課題はありますか。

A　法人後見のメリットには，長期間の後見業務の実現，相互牽制機能の確保，適切な後見業務の遂行，多様な能力・スキルを持った構成員による身上保護の実現，実質的な親族後見の実現等があります。

　法人後見のデメリットには，意思統一の難しさや意思決定の遅れ等があります。地域連携ネットワークの活用等による適切かつ迅速な意思決定が望まれます。課題には担い手の確保や次世代の育成，安定的な財源の確保等が挙げられます。

解　説

●**メリット**…図表1-3参照

ア：本人にとってのメリット

　長期間にわたる後見の実現は，特に若年の障害者にとって大きなメリットです。減少が続く親族後見も，法人後見の形を取ることで，実質的に親族後見を実現することが可能です。また，任意後見契約における，発効までの適切な身上保護の実現や，任意後見監督人選任申立ての確実性を担保することが可能です。

イ：後見人にとってのメリット

　身上保護と財産管理を職務分掌し，運営管理をガラス張り化することで，相互牽制機能の確保，厳格な財産管理を実現できます。また，様々な経験・技能を持つメンバーの参加によって，法人として専門能力を発揮することが可能となります。さらに，複数人で後見業務にあたることで，個々の担当者の負担を軽減するとともに，担当者を様々なリスクから守ることが可能となります。

●**デメリット**…図表1-3参照

　後見法人では，複数の構成員が存在するがゆえに，意思の統一や，迅速な意思決定が困難等の悩みがみられます。積極的に地域連携ネットワークの活用を図り，法人として適切かつ迅速な意思決定に努めることが重要です。

●**課　題**…図表1-3参照

　後見法人では，経営の安定性・継続性・持続可能性の観点から，担い手やマネジメントの確保，安定財源の確保等の課題があり，相互に因果関係があります。法人内部だけで解決しようとせず，地域連携ネットワークの活用が望まれます。

☞ **参照QA** 2-4／2-9／2-12／2-13，3-4，4-1／4-2／4-5，5-1

8　第1章　法人後見の概要

図表 1-3　法人後見のメリット／デメリット・課題

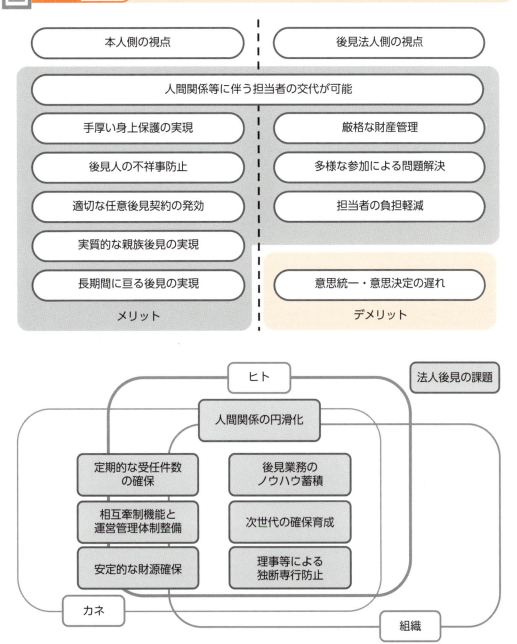

参考事例

- ヒアリングを行ったすべての団体で，担当者は，原則として後見終了時まで担当者として事務を行うとしています。
- 法人後見の良さとして，担当者任せにせず，複数の眼で本人を後見業務を行うことができる点を挙げる声が多いです。
- 課題として，担い手の育成と安定的な財源確保を挙げる声が多いです。

第 **2** 章

後見法人の運営管理

2-① 組織体制

Q 後見法人の組織体制は，どのようにすればよいですか。

A 　後見法人の組織体制の整備では，法人の種類に応じた法令要件を満たすとともに，業務執行の中核機関である理事会を置くことが一般的です。後見推進機能・事務局機能・品質確保機能を確保することで，経営の効率性と相互牽制機能の確保に努めます。

　後見法人のガバナンス機能や，第三者による指導助言機能を確保するために，後見業務・法律・福祉・税務等の専門家等で構成する機関を設置することも有効と考えられます。

解　説

●**理事会の果たす役割**…図表2-1参照

　NPO法人・一般社団法人とも，理事会の設置は任意ですが，通常は理事会を設置し，業務執行における実質的な意思決定機関としての役割を果たす存在であることが一般的です。

　後見法人は，家庭裁判所や監督人から常時監督を受ける立場にあります。法人としての身なりを整え，意思決定を図っていく上で，理事会の果たす役割は極めて重要であることを認識する必要があります（NPO法11条，一般社団法90条）。法人の活動に関する積極的な情報発信や開示も進めましょう。

●**相互牽制が働く職務分掌**…図表2-1参照

　法人の経営の効率性及び相互牽制機能の観点からは，明確な指揮命令系統，専門性の発揮及び相互牽制機能が働く職務分掌がポイントです。

　後見業務に関する品質の維持確保が重要であり，後見業務に対する深い理解や専門性をもった人材の確保育成が必要と考えられます。また，様々な専門職や専門機関等の外部の第三者の意見を適切に取り入れる観点から，顧問等の指導助言機関の活用や，第三者委員会の設置を図ることも有効と考えられます。

●**組織の活性化**…図表2-1参照

　意思決定に関与する会員の数が多くなりすぎると，意思決定や円滑な組織運営が難しくなります。例えば，常勤で活動する会員以外は，賛助会員としての参加に切り替えていただく等，円滑な運営体制が可能な規模を確保しましょう。

参照QA 2-4／2-9／2-10，4-2，5-1

図表 2-1　組織図（一例）

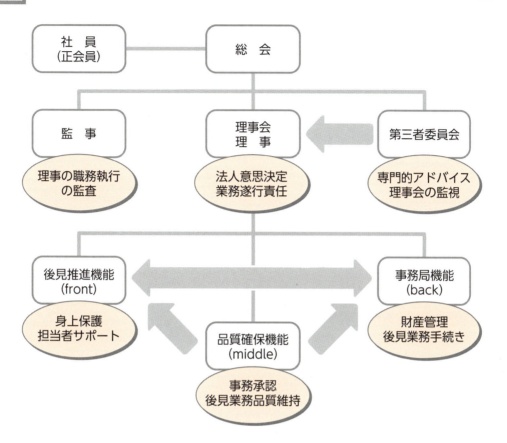

 column　促進法

　2016年5月，促進法が施行されました。成年後見制度の3つの理念を尊重し，11の基本方針に沿って，成年後見制度の基本計画を策定し，利用促進会議・利用促進委員会の設置等により，利用促進を図ることが，国と自治体の責務とされました。

　2017年3月，基本計画が閣議決定され，2017年度から5年間にわたり，様々な施策の展開が図られていく予定です。具体的には，原則，自治体に中核機関を設置し，ワンストップ機能を設けることが決められています。また，市町村計画を策定し，計画的に，利用促進のための施策を講ずることが努力目標として掲げられています。

参考事例

- 後見法人のガバナンスを目的に，外部の有識者からなる第三者委員会を設置している事例があります。
- 将来の後見人の担い手確保や，後見の利用を考える高齢者等の勉強を目的とした会員組織を作っている事例があります。

第2章　後見法人の運営管理

2-2 意思決定と決裁基準

Q 後見法人の意思決定機関はどこですか。
決裁基準や理事会への付議基準は、どのように整備すればよいですか。

A NPO法人や一般社団法人の場合、意思決定機関は社員総会ですが、後見業務の遂行における意思決定は、ほぼ理事・理事会に委ねられています。

明確な指揮命令系統や責任の所在の明確化のために、法人内の決裁基準や理事会への付議基準を策定することが望まれます。決裁基準は、法人の運営と後見業務を分けて考えるとよいでしょう。後見業務に関する実務判断は、法人内で後見業務に精通した理事に権限を付与することも考えられます。

解説

●**意思決定機関と業務執行機関**

NPO法人や一般社団法人の場合、社員総会が意思決定機関ですが、後見業務の遂行の観点では、理事・理事会が重要な意思決定機関となっており、理事及び理事の指揮命令のもとで後見業務を行う者が、業務執行機関となります（NPO法14条の5、一般法人法35条・90条）。

●**決裁基準・理事会付議基準**…図表2-2参照

法人の意思決定や責任の所在を明確化するために、決裁基準や理事会付議基準を作成しましょう。後見業務の機動的な運営を確保するためにも、法人としての維持運営に関する決裁基準とは別に、後見業務に関する決裁基準を設けるとよいでしょう。特に、理事等の管理者の権限、担当者の権限・任せる範囲は明確にしておくことが大切です。

●**理事会の運営上の留意点**

理事会では、すべての理事の賛成をもって決議することが望まれます。一部の理事の独断専行が起きないような仕組みも検討するとよいでしょう。

理事会は、緊急時に、理事全員を招集することが難しい場合もあることから、招集方法の緩和を図るととともに、必ず、月次等で定期的に開催しておくことが重要です。

後見法人は、親族後見人や専門職後見人と同様に、等しく「公人」であり、責任は同じです。後見人として相応しい責任を果たすためにも、法人としての意思決定と適切な運営管理に努めましょう。

参照QA 4-5

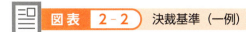

図表 2-2　決裁基準（一例）

決裁者	法人の運営に関わる事項	後見業務に関わる事項
総　会	役員・会計監査人の選任・解任 定款の変更 法人の解散　等	―
理事会	法人の業務執行 理事の職務の決定 代表理事の選任・解任　等	―
理　事	―	事業者等との契約手続 一定額以上の支払手続
管理者	―	後見業務方針・計画の決定 身上保護の後見業務の決定
担当者	―	後見業務上の決定 少額の支払いに関する事項

参考事例

- 理事会の下に専門の委員会を設置し，受任をすべきかどうか，また誰を担当者にするかについて判断した後で，代表理事に申請する事例がみられます。
- 顧問として法律や税務の専門職を顧問として迎える事例や，外部の有識者等の第三者委員会を設置する事例がみられます。

2-3 規程の整備

Q 後見法人が定めるべき規程には、どのようなものがありますか。

A 後見法人は、定款、個人情報保護に関する方針や規程等、法令上必要な規程を整備する必要があります。

また、後見業務を適切かつ円滑に進めるためには、会員規約、後見法人の全般的な運営ルールや、後見業務の運営管理を定める規程、財産管理規程、経理規程、出張旅費規程等の規程を整備することが考えられます。さらに、組織図・会員名簿、契約書類のひな形や、管理帳票等も整備しておきましょう。

解説

●**法令上必要な規程**…図表2-3参照
- 定款：法人の設立時に必須の規程です（NPO法10条、一般法人法10条）。
- 個人情報保護方針・個人情報保護規程：個人情報保護管理のためのルールを定めます（個人情報保護法20条）。
- 就業規則：常時10人以上の労働者を雇用する場合に必須です（労働基準法89条）。

●**適切な後見業務のために必要となる規程**…図表2-3参照

会員組織を置く場合には、入会要件、会員の身分や資格の得喪、義務等の会員規約を定めるのがよいでしょう。後見法人にとって、望ましくない個人を排除・退会を求めるためには必要な規程と考えられます。

法人の全般的な運営管理の他、後見業務全般に関するルール・内容を定める規程や、後見受任後の重要書類現物の管理方法や不動等の重要な財産の管理内容・方法を定める規程を定めるとよいでしょう。

任意後見の受任を予定している場合には、任意後見の発効までの適切な見守りや財産管理、任意後見監督人選任申立、発効後の管理内容、死後事務に関する規程を定めることも重要と考えられます。

この他、成年後見の理念を遵守する観点から、倫理・法令等遵守に関する規程、後見業務費用に関する規程等の整備が望ましいと思われます。

●**その他**

以下のものは、規程ではありませんが、法人の体制に関する開示や、家庭裁判所への説明時に必要と思われますので整備しておくとよいでしょう。
- 組織図・会員名簿・契約書類のひな形・管理帳票等

参照QA 3-3

図表 2-3 規程等一覧（一例）

	規程・方針	定める内容
法令上必要なもの	定款	法人の目的・名称・所在地等の絶対的記載事項のほか，相対的記載事項，任意的記載事項等があります。
	個人情報保護規程 個人情報保護方針	個人情報保護方針（プライバシーポリシー）は，個人情報の取扱いについて定めます。
	就業規則	労働者が就業上遵守すべき規律や労働条件の細目を定めます。
後見業務に必要なもの	会員規約	入会退会の要件，会員の身分・義務等について定めます。
	後見業務運営管理規程	全般的な法人の業務運営のほか，身上保護・財産管理における事務全般のルールについて定めます。
	財産管理規程	後見受任後に受領する，重要書類の管理方法や，不動産・動産等の重要な財産の管理内容について定めます。
	任意後見契約管理規程	移行型任意後見契約発効までの適切な見守り・財産管理，監督人選任の申立てのルールについて定めます。
	倫理規程 法令等遵守規程	成年後見の理念の観点から遵守すべき内容について定めます。
	経理規程 旅費交通規程	後見業務費用の考え方や支払ルールについて定めます。

参考事例

● 死後事務委任契約の締結に伴い，死後事務管理規程の制定を検討している事例があります。

2-4 受任の体制

Q 担当者の決定は，どのようにすればよいですか。
担当者のバックアップや引き継ぎは，どのように考えればよいですか。
親族を担当者にすることはできますか。

A 担当者の決定にあたっては，受任案件の難度と担当者の後見業務の経験・スキル等を総合的に判断します。担当者の私的な都合や事情によって後見業務を遂行できなくなる場合や，緊急時の対応や引き継ぎ等に備えて，複数の担当者を置くことや，バックアップ体制を構築することが望まれます。

本人の身上保護を希望する親族がいる場合，当該親族が後見法人の会員として参加することで，実質的な親族後見を実現することが可能と考えられます。

解説

●**担当者の決定とサポート**…図表2-4参照

担当者の決定は，基本的に，受任案件の難度と担当者の知識・経験・スキル等を総合的に判断して決定します。担当者と本人の間の利害対立・利益相反についても十分チェックします。

受任案件には一つとして同じものはなく，案件難度の判断も，必ずしも容易ではないため，アサインした担当者に任せきりにするのではなく，案件の状況と担当者の状況を考慮して，案件管理を行っていくことが大切です。

●**担当者のバックアップ・引継ぎ**…図表2-4参照

個人後見の場合，後見人に不具合が発生する等の場合には，復代理によって対応せざるをえませんが，法人後見の場合は，複数の担当者や管理者によるバックアップ機能を確保することにより，緊急時でも，法人として適切な後見業務を遂行することが可能です。

担当者は，原則として，後見終了まで担当することが理想ですが，担当者の私的な都合による後見法人の退会時や，やむを得ない事情による担当の交代時における担当者の引継ぎの備えにもなりますので，複数担当者やバックアップを準備しましょう。

●**実質的な親族後見の実現**…図表2-4参照

本人が，信頼を寄せる親族を後見人に指名したい場合は，任意後見が確実ですが，法定後見の場合でも，当該親族が後見法人の会員として参加し，身上保護の担当者となれば，実質的な親族後見を実現することが可能となります。この場合，財産管理は法人として行うこととすれば，親族後見人による不祥事発生を抑えることが可能と考えられます。

  参照QA　1-3，2-1／2-9，4-1

図表 2-4 法人後見の受任体制図（一例）

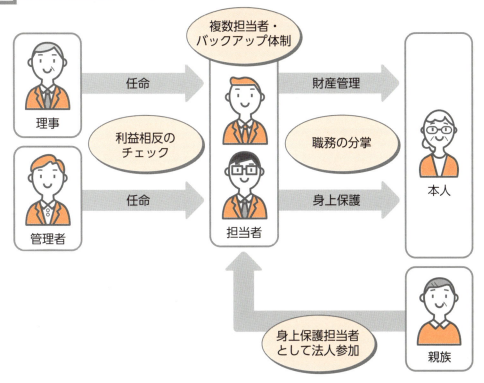

ひとくちメモ　市民後見人とは

　最高裁判所の報告書によれば，「市民後見人とは，弁護士，司法書士，社会福祉士，税理士，行政書士及び精神保健福祉士以外の自然人のうち，本人と親族関係（6親等内の血族，配偶者，3親等内の姻族）及び交友関係がなく，社会貢献のため，地方自治体等が行う後見人養成講座などにより成年後見制度に関する一定の知識や技術・態度を身に付けた上，他人の成年後見人等になることを希望している者を選任した場合」を指すものとされていますが，集計の便宜上の定義であり，市民後見人がこれに限られるとする趣旨ではないとされています。

　「市民後見人」より，「市民による後見業務活動」と広く捉えるとよいでしょう。

最高裁判所「成年後見関係事件の概況」より
http://www.courts.go.jp/about/siryo/kouken/index.html

参考事例

- 担当者を身上保護に特化させることで，基本的に一人で本人のもとに訪問している事例があります。
- リスク管理の観点から，常に2名で本人のもとに訪問している事例があります。さらに，3名一組体制で，2名が交替で訪問している事例もあります。
- 兄弟を法人の身上保護担当者として参加させて受任している事例があります。

2-5 構成員の管理

Q 法人の構成員の管理は，どのようにすればよいですか。

A 後見法人の役割や位置づけに鑑みると，後見法人の構成員全員が，略歴，資格技能，賞罰等，素性や背景を明らかにしていくことが望まれます。

適切な後見業務の遂行の観点から，役割分担・職務分掌が重要です。不祥事対策の観点から，身上保護と財産管理の職務は別々の職員が担当する等，オールマイティな役職員を作らないことが必要です。

法人への所属意識の向上にも努めましょう。構成員の相互理解は，相互監視にもつながります。

解説

●**後見法人の構成員の位置づけ**…図表２-５参照

後見法人は，利用者本人の人生の伴走機能を担っています。理事等の役員ばかりでなく，後見業務に携わる管理者・担当者も，成年後見制度の理念を遵守し，適切な後見業務の実行者としての振る舞いが求められます。

後見法人が，地域社会や家庭裁判所からの信任を得て後見業務を行う存在であることを考えると，個々の構成員の略歴，資格技能，賞罰等，その素性や背景を明らかにしておくことが必要と考えられます。構成員に身分証明書・職務経歴書・履歴書を提出してもらうことも検討の余地があります。身分証明書やネームプレート等，法人の構成員であることを明確にする等の工夫も考えられます。

家庭裁判所によっては，理事の職業・収入・財産状況を報告させるケースもあります。構成員の名簿作成は必須と考えましょう。

●**役割分担・職務分掌**

後見人の不祥事が世間の注目を浴びる中，特に財産管理における適切性の確保は，後見法人にとって根幹となる課題です。法人内で，特定の個人に依存しない体制を構築するためにも，役割を分担し，職務を分掌することが必要です。特に，財産管理機能は，身上保護を担う担当者の職務から外す等，相互牽制機能を持たせることが重要です。

●**後見法人への所属意識の向上**

後見法人は，大多数の構成員が，長年にわたって同じ組織で働いてきたわけではなく，法人への所属意識の向上や組織風土を作っていく必要があると考えられます。構成員の相互理解に努めることは，相互監視にもつながります。

図表 2-5　後見法人のステークホルダー

医療関係者

本人

親族

介護関係者

後見法人（理事・監事・担当者・会員）

構成員の振る舞いが，法人の評価に直結する

自治体・中核機関

社会福祉協議会

福祉関係者

近隣住民

家庭裁判所

監督人

参考事例

● 新しく会員になったメンバーに対しては，きちんとオリエンテーションを行って，後見法人の理念や活動状況を説明している事例があります。

2-6 個人情報保護と情報共有

Q 個人情報保護と情報共有は，どのようにすればよいですか。
オフィスやパソコン等の情報セキュリティ管理の留意点は何ですか。

A 　後見人に求められる守秘義務・本人のプライバシー保護と法人内部の情報共有による法人後見の強みの発揮の両立が，大きな課題となります。

　本人に対しては，後見開始時や情報の取得時に，情報の取得と第三者提供について，都度確認と同意をもらうべきと考えられます。

　安全管理措置として，個人情報保護方針や規程の整備の他，構成員の守秘義務に関する誓約書の提出や，外部の専門家等に相談する場合や，法人内での情報共有をする場合には，運営管理ルールを設けるべきと考えられます。

解　説

●**個人情報保護と情報共有の両立**…図表2-6-1～2-6-3参照

　後見人には守秘義務があり，本人のプライバシー保護には十分配慮しなければなりません。法人後見の場合も同様です。

　一方で，法人内の複数の構成員の視点や意見を活かして後見業務を遂行できることが，法人後見の強みであり，法人内の情報共有は，必要な範囲で十分になされる必要があります。本人のプライバシー保護と法人内部の情報共有をいかに両立させるかが，後見法人としての大きな課題となります。

●**本人の同意の取得**

　後見法人は，後見業務の開始時に，本人から，個人情報の取得と第三者提供について，口頭での同意をもらう必要があると考えられます（個人情報保護法16条）。後見開始後も，第三者提供が必要な都度，本人の確認を取ることが考えられます（個人情報保護法23条）。個人情報を取得した時や，第三者提供を行った時には，きちんと記録を残すことも大切です。

●**個人情報保護に関する安全管理措置**…図表2-6-3参照

　本人の個人情報やプライバシーに日常的に接する後見法人は，適切かつ厳格な安全管理措置を講じる必要があると言えます（個人情報保護法20条）。個人情報保護に関する方針や規程の整備の他，組織的・人的・物理的・技術的な観点から，十分な安全管理措置を整備する必要があるでしょう。

　昨今，個人情報の保護管理は，家庭裁判所のヒアリングでも非常に重要視されています。守秘義務に関する誓約書を構成員から徴求することや，法人内での情報共有，地域連携ネットワーク等の外部者との情報共有では，情報共有の範囲や相談方法等について，一定の運営管理ルールを設けるべきと考えられます。

☞ **参照QA** 2-7，3-4，6-7

図表 2-6-1 個人情報保護管理体制

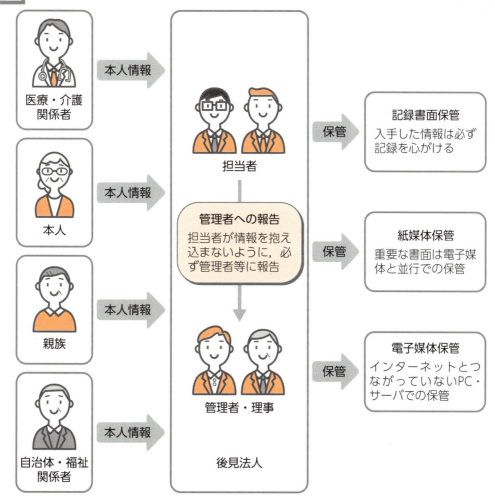

 column 個人情報保護法の改正

　2017年5月30日,改正個人情報保護法が施行されました。5000人分以下の個人情報を取り扱う事業者も,適用の対象となります。後見法人も同様に対象となります。

　改正法では,金融機関で認知されてきた「機微(センシティブ)情報」とは別に,「要配慮個人情報」の概念が導入されました(個人情報保護法2条3項)。「要配慮個人情報」を取得するときや第三者に提供するときには,原則として本人の同意を得なければなりません。「要配慮個人情報」は,オプトアウト手続(あらかじめ第三者提供を利用目的とする等の4項目を,本人に通知又は本人が知りえる状態に置いておくことによって,事前の本人同意を得ることなく第三者提供できる)による第三者提供はできませんので,留意が必要です。

参考事例

● 個人情報管理については,規程・方針・管理責任者を設置することや,会員には,守秘義務に関する誓約書を提出してもらう事例があります。

図表 2-6-2　個人情報概念図

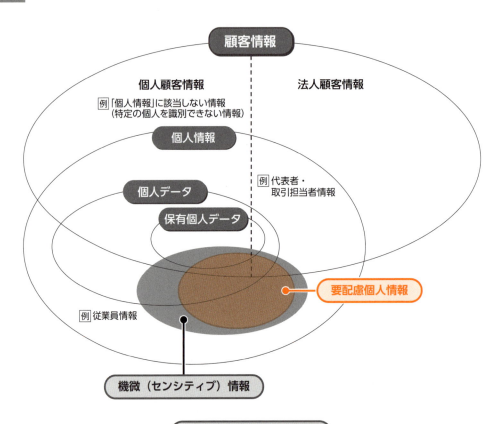

第2章　後見法人の運営管理

図表 2-6-3　特定個人情報に関する安全管理措置（事業者編）

		講ずべき安全管理措置の内容・手法の例示
基本方針		事業者の名称・関係法令やガイドライン等の遵守・安全管理措置に関する事項・質問及び苦情処理の窓口等
取扱規程		取得・利用・保存・提供・削除・廃棄の各段階ごとに，取扱方法，責任者，事務取扱担当者及びその任務等
安全管理措置	組織的	組織体制の整備・取扱規程等に基づく運用・取扱状況を確認する手段の整備・情報漏洩等事案に対応する体制の整備・取扱状況の把握及び安全管理措置の見直し
	人的	事務取扱担当者の監督・事務取扱担当者の教育
	物理的	特定個人情報等を取り扱う区域の管理・機器及び電子媒体等の盗難等の防止・電子媒体等の取扱における漏洩等の防止・個人番号の削除，機器及び電子媒体等の廃棄
	技術的	アクセス制御・アクセス者の識別と認証・外部からの不正アクセス等の防止・情報漏洩等の防止

個人情報保護委員会「特定個人情報の適正な取扱いに関するガイドライン（事業者編）」資料より作成
http://www.ppc.go.jp/files/pdf/170530GL_zigyousya_honbunbetten.pdf

 **マイナンバー制度**

　2015年10月5日，行政手続における特定の個人を識別するための番号の利用等に関する法律（通称マイナンバー法等）が施行されました。個人に12ケタの識別番号を割り当て，2016年1月から，社会保障・税・災害対策等の行政手続で使用が始まりました。

　民間事業者は，各種法定調書や被保険者資格取得等に，マイナンバーを記載し，行政機関等に提出します。法令で定められた事務以外にマイナンバーを利用することはできません。

　なお，住民基本台帳カード（住基カード）は，2016年1月以降，発行されなくなりました。

家庭裁判所におけるマイナンバーの取扱い

　マイナンバーは重要な個人情報であり，マイナンバーの把握・保管・提供については，後見人は自ら適切に判断する必要があります。利用できる範囲は番号法で限定されているため，後見人は取得した場合，番号法に抵触しないよう管理する必要があります。

　なお，家庭裁判所では，通常マイナンバーを必要としないため，住民票や源泉徴収票等の書類の提出にあたっては，塗りつぶす等，マイナンバー自体を提供しないようにとの通知が出されています。

裁判所ホームページ「裁判手続の案内　家事事件Q&A　第11成年後見に関する問題」
http://www.courts.go.jp/saiban/qa_kazi/qa_kazi80/index.html

後見業務に関連する法令・制度

Q 後見業務に関連する法令や制度には何がありますか。
コンプライアンス上の留意点は何ですか。

A 　後見業務に係る重要な法令には，憲法，民法，任意後見法，後見登記法，家事事件手続法等があります。消費者契約分野，医療・介護・年金分野，高齢者福祉分野，障害者福祉分野，生活保護等の福祉に関する分野の法令について，正しい知識の習得と理解が不可欠です。また，福祉や成年後見の利用促進に関する制度についても，きちんと押さえておく必要があります。
　コンプライアンス上の留意点としては，日常的な情報収集や構成員に対する定期的な教育研修の実施の他，法律専門職との連携等が不可欠です。

解　説

●関連する法令
　成年後見制度や後見業務の前提・基本となる法令には，憲法，民法，任意後見法，後見登記法，家事事件手続法等があります。他に，個人情報保護法，障害者差別解消法等の後見業務を推進する上で遵守すべき法令があります。
　身上保護面では，民法（家族法）のほか，医療・介護・年金分野，高齢者福祉分野，障害者福祉分野，生活保護等の福祉に関する分野の法令等，財産管理面では，民法（財産法）のほか，消費者契約分野の法令等をよく理解する必要があります。

●関連する制度…図表2-7参照
　成年後見制度に関係の深い制度には，主に福祉に関する制度や成年後見の利用促進に関わる制度があります。前者には，生活保護制度や就労支援等があり，後者には，日常生活自立支援事業や，成年後見制度利用支援事業等があります。

●コンプライアンス上の留意点
　後見業務では，多数の法令等が関係するため，日常から法令等に対する正しい知識の習得と理解が不可欠です。また，改正に関する情報収集に努め，担当者を含めて，構成員全体での普段の教育や，定期的に法人内での研修等を行うとよいでしょう。
　また，後見業務においては，法律専門職との連携は不可欠です。地域連携ネットワーク等において，積極的に連携を図ることに心がけ，法律専門職に後見法人の会員や顧問として参加を促すこと等もよいでしょう。

参照QA　2-6, 6-11

図表 2-7 成年後見制度利用支援事業

	高齢者	障害者
関連法令	老人福祉法32条の2	障害者総合支援法77条 知的障害者福祉法28条の2 精神保健福祉法51条の11の3
目的	介護保険サービス利用の観点から，成年後見制度の利用が有効と認められる認知症高齢者に対し，利用支援を行うことで権利擁護を図る	障害福祉サービスの利用の観点から，成年後見制度の利用が有効と認められる知的障害者・精神障害者に対し，利用支援を行うことで権利擁護を図る
事業主体	市町村	市町村
創設年度	2001年4月～任意事業	2006年4月～任意事業 2012年4月～必須事業
事業内容	成年後見制度の広報普及活動 成年後見制度の利用に関する経費助成 ・対象者：成年後見制度の利用が必要な低所得の高齢者 ・申立てに要する経費：申立手数料・登記手数料・鑑定費用等および後見報酬の一部等	成年後見制度の利用に関する経費助成 ・対象者：成年後見制度の利用が必要な低所得の知的障害者・精神障害者 ・申立てに要する経費：申立手数料・登記手数料・鑑定費用等および後見報酬の全部又は一部
財源	地域支援事業交付金の内数 1号被保険料22%・国39%・都道府県19.5%・市町村19.5%	地域生活支援事業の内数 国1／2以内・都道府県1／4以内
実施状況	平成27年4月：1,369市町村 （全市町村の78.6%）	平成27年4月：1,414市町村 （全市町村の81.2%）
関連事業	市民後見推進事業 （H23～H26年度） 権利擁護人材育成事業 （H27年度～）	成年後見制度普及啓発等事業 （H24年度～） 成年後見制度法人後見支援事業 （H25年度～）

厚生労働省「障害者の就労支援施策の動向について」資料より作成
http://www.zenjukyo.or.jp/small_info/290203_sendai.pdf

column 成年後見制度利用支援事業

　成年後見制度利用支援事業とは，高齢者は2001年度から，障害者は2006年度から創設された制度です。低所得者の高齢者や障害者を対象に，成年後見の申立てに要する経費や，後見人の報酬の全部又は一部の費用が助成されます。財源は，地域支援事業交付金（高齢者）・地域生活支援事業（障害者）の内数で予算化されます。

　自治体によっては，利用支援事業は首長申立てに限定する等の運用を行っているケースもあるようですが，利用促進委員会では，そのような限定的な運用は一切指示していないと厚生労働省から説明がありました。

2-8 リスク管理

Q 後見業務に係るリスクには，どのようなものがありますか。
リスク管理は，どのようにすればよいですか。

A 　後見業務に係るリスクには，事務リスク，法務リスク，コンプライアンス等がありますが，役員および職員による業務上横領のリスクと本人およびその関係者の個人情報漏えいリスクは，後見法人の最重要管理リスクです。
　また，事故や犯罪等に遭遇するリスクから，法人として担当者を守ることも，リスク管理の重要なポイントです。
　後見業務のリスクをヘッジする手段の一つに，後見賠償保険への加入があります。特に法人の場合は，必須要件であると考えられます。

解説

●後見法人が本人や親族等に損失を与えるリスク

後見法人が管理すべきリスクには，以下のようなものが考えられます。

- 事務リスク：担当者等が，後見業務の遂行中に，過失によって，本人等に経済的な損害を与えるリスク，本人等及びその関係者の個人情報漏洩リスク
- 法務リスク：後見法人が行う契約締結プロセスにおける過失等によって，本人等に経済的な損害を与えるリスク
- コンプライアンス：業務上横領等の法令等違反によって，本人等に経済的な損害を与えるリスク

この他に，構成員の不適切な活動による法人に対する風評悪化によって，法人の維持運営が困難になる風評リスクが考えられます。

●後見法人の担当者が被害・損失を被るリスク

　担当者が，後見業務中に，本人や家族等から危害を加えられたり，事故に遭遇するリスクがあります。様々なリスクから担当者を守ることもリスク管理の重要なポイントです。

●法人後見賠償保険…図表2-8参照

　後見法人が後見業務の遂行上，本人に損害を与えて損害賠償請求される場合に備えて，加入できる保険があります。法人後見を申し立てる場合，家庭裁判所から，賠償保険加入の有無を確認されますので，保険加入は必須と考えた方がよいでしょう。賠償保険の加入検討時の留意点は，以下の通りです。

① 本人への経済損害による補償の有無
② 役職員の不正行為による使用者責任の補償の有無
③ 原因発生日・損害賠償請求を受けた日と保険の補償期間の関係

第2章　後見法人の運営管理

図表 2-8　法人後見賠償保険例（A社）

	内　容
被保険者	① 成年後見業務を行う法人・事業者 ② ①に属する役員（理事） ③ ①に属する従業員（職員）
保険対象	被保険者が第三者（本人を含む）から，以下のケースで損害賠償請求された場合 ●経済的な損害を与えた場合 ●名誉毀損等精神的苦痛を被ったと訴えられた場合 ●身体障害を与え，もしくは財物を損傷又は紛失したとして訴えられた場合
保険金額	●1事故　保険期間中（1年間）の限度額5000万円
主な免責事項	●1請求につき10万円の自己負担額 ●被保険者の故意又は過失，犯罪行為 （但し，役員や職員等の個人による故意に起因して，法人などが使用者責任を追求された場合は，補償の対象）
留意事項	●法人の組織ぐるみの故意や過失，犯罪行為，理事長自らの不正行為による損害は免責事由に該当する恐れがあります。但し，法人としての関与が無ければ免責とされない場合があります。 ●法定後見のほか，任意後見契約公正証書に記載された財産管理業務及び身上保護業務も対象となります。

ひとくちメモ　施設管理者賠償責任保険・ボランティア保険とは

　NPO法人等が加入できる保険には，施設管理者賠償責任保険等もありますが，後見業務で生じるリスクヘッジには不十分です。保険に加入していれば，万全というわけではありませんので，保険事故が発生しないような運営に努めることが肝要です。

　ボランティア保険については，後見業務そのものがボランティアに該当しないと考えられますので，後見業務のリスクヘッジには不適切です。

参考事例

●ヒアリングを行った団体では，法人後見賠償保険の加入が確認できます。

2-**9** 利害対立・利益相反

Q 利害対立や利益相反の有無については，どのように考えればよいですか。
夫婦や親子など複数の親族の受任を行うことはできますか。

A 法人後見の選任においては，法人及びその代表者と本人との利害関係の有無が問われます。但し，受任後の後見業務遂行時においても，常に利益相反の有無について確認する必要があります。

利益相反については，本人の合理的な期待を裏切らないかどうか，後見人としての責務を果たせるかどうかを基準に判断すればよいと考えられます。

夫婦や親子など複数の親族の受任については，利害対立時に特別代理人を選任する等の方法により，利益相反の回避が可能と考えられます。

解　説

●利害対立・利益相反と類型…図表2-9-1～2-9-5参照

後見業務における利害対立・利益相反とは，後見人が行う行為によって，一方に利益をもたらすと同時に他方に不利益をもたらすことです。後見人の選任においては，法人及びその代表者と本人との利害関係の有無が問われます（民法843条4項他）。最初から重大な利益相反が疑われる場合には，受任を断ることも考えられます。法人後見における利益相反には，様々なケースが考えられます。法人としての受任の判断時や，受任後の後見業務遂行時においては，常に利益相反の有無について確認する必要があります。

●利益相反の判断基準…図表2-9-1～2-9-5参照

後見業務を行う上で，本人の利益を不当に害しないこと，不当に害するおそれがある場合には，適切な対応を図る等の管理を行うことが大切です。本人の合理的な期待を裏切らないかどうか，後見人としての責務を果たせるかどうかを基準に判断すればよいと考えられます。

●利益相反の管理体制

利益相反の管理体制としては，①内部管理体制の構築，②第三者委員会等による外部者の監査，③家庭裁判所との相談等，重層的なチェック体制を敷くことで，適切な管理が可能になると考えられます。

後見業務において，利益相反が問題となるのは，多くは，資産売却時や相続発生時と考えられますが，その都度，特別代理人の選任を行うことによって，重大な利益相反を回避することができると考えられます（民法860条準用による826条）。また，監督人が選任されている場合は，監督人が本人を代理することになります（民法851条4号）。

参照QA 1-1／1-3，2-1／2-4，4-2，5-5

第2章　後見法人の運営管理

図表 2-9-1 利害対立・利益相反の考え方と管理方法

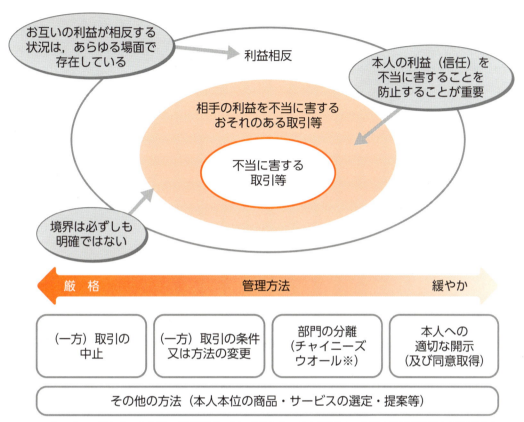

※チャイニーズウオールとは，証券業界において使われてきた用語で，企業の非公開情報を知り得る立場にいる引受部門と，投資家に銘柄選定のアドバイスをする営業部門の間に情報の壁をつくるため，両部門を異なる場所に離したり，管理体制を徹底するなどの物理的な隔壁のことです。

金融庁「金融商品取引業者等向けの総合的な監督指針」より作成

図表 2-9-2　利益相反関係①（法人と本人の利害対立）

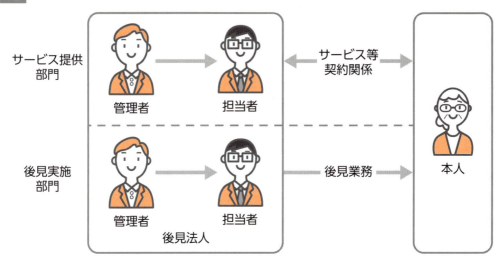

類型化①：法人と本人との間で契約関係が存在するケース
（例：見守り契約等の既存のサービス提供と成年後見が並立している　等）

- 後見の受任によって，本人の利益を不当に害するおそれがないのであれば，既存の契約を継続しても重大な問題は生じないものと考えられます。
- 法人内部の担当者や管理者を別にする，部門を分ける等，できる限り重大な利害の対立が生じないように管理体制を構築することが望まれます。
- 利益相反が生じる場合には，特別代理人の選任を申し立てる等の措置を講じることが考えられます。

 column　社会福祉法人制度の改革

　2017年4月1日，60年ぶりの改正となった社会福祉法が施行されました（一部条文は1年前から施行）。特に目玉となった社会福祉法人制度の改革においては，以下の5点がポイントとして挙げられています。

　①経営組織のガバナンス強化，②事業運営の透明性の向上，③財務規律の強化，④地域における公益的な取組みを実施する責務，⑤行政の関与のあり方

　中でも，評議員・評議員会が必置の議決機関とされ，理事・理事長に対する牽制機能の強化が図られることになりました。今後は，よりいっそう公益性を担保できる組織への変更が求められると考えられています。

参考事例

- 社会福祉協議会では，日常生活自立支援事業の部署・担当者と成年後見の部署・担当者は，別々にしています。

図表 2-9-3　利益相反関係②（法人の代表者等・担当者と本人の利害対立）

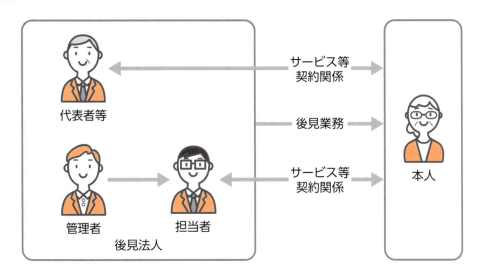

類型化②：法人の代表者等・担当者と本人の間で，利害が対立するケース
（例：法人の代表者等が経営する企業のサービスを本人に提供している　等）
（例：後見の担当者が本人のケアマネである　等）
（例：本人と担当者が親族関係にあり，本人と担当者に相続が発生した　等）

- 法人の代表者と本人との間に，利害の対立が生じる場合，本人の利益を不当に害するおそれが強いと考えると，後見の受任は避けるべきと考えられます。利益誘導・利得行為は避けなければなりません。
- 法人の代表者のみならず，理事や監事等の場合も含め，同様の対応とすることが望ましいと考えられます。
- 法人の担当者と本人との間に，利害の対立が生じる場合，本人の利益を不当に害するおそれが少ないと考えられるのであれば，比較的後見の受任は可能と考えられます。
- 利益相反が生じる場合には，特別代理人の選任を申し立てる等の措置を講じることが考えられます。

図表 2-9-4　利益相反関係③（複数の親族の後見を受任している場合）

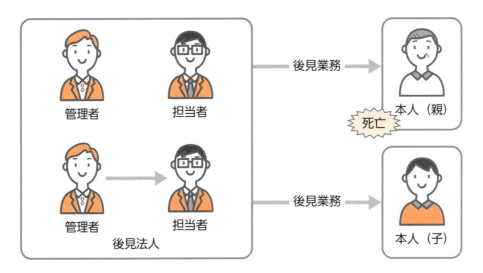

> **類型化③：複数の親族の後見を受任している場合に利害が対立するケース**
> （例：親子両方の受任をしている場合に親に相続が発生した　等）
>
> ● 複数の親族の後見を受任するケースでは，一人の親族に相続が発生する場合に，利益相反が発生します。
> ● この場合は，相続人に特別代理人の選任の申立てを行うことによって，利益相反取引を管理し，適切な相続手続を行うことが可能になると考えられます。
> ● 判断が難しい場合は，監督人や家庭裁判所と相談しましょう。

参考事例

● 親族間の円滑な後見業務のことを考慮して，一人の担当者が4人の親族の担当をして，相続発生時には，残りの3人の特別代理人の選任を申立てた事例があります。

図表 2-9-5 利益相反関係④（不動産等の資産を売却する場合）

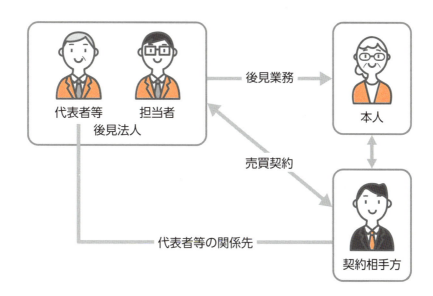

> **類型化④：介護施設入所に伴い，自宅を売却する場合に利害が対立するケース**
> （例：売買契約の相手方が，法人又は代表者等の関連先である　等）
>
> ● 必ず複数の不動産業者等から金額・売買条件等の情報提供を受け，最も好条件の売買契約を選択する必要があります。
> ● 法人の代表者のみならず，理事や監事等の場合も含め，同様の対応とすることが望ましいと考えられます。

ひとくちメモ　身元保証・身元引受とは

　法律上は身元保証という言葉ですが，身元引受という言葉もよく使われます。病院への入院や施設への入所，貸家への入居の際には，よく家族等が身元保証人になることを求められます。家族等がいない場合に，後見人が身元保証人になることを求められますが，債務保証が後見人の職務に抵触することや，求償権を取得した場合の利益相反行為の観点から，謝絶することになります。

　但し，身元保証・身元引受の内容が，連絡先の確保や支払事務の代行に留まるものであれば，差し支えないと考えられます。

2-10 苦情相談対応

Q 　本人や親族からの苦情や相談への対応は，どのようにすればよいですか。

A 　後見人は，本人の立場・本人の意思を尊重するという立場に立って，特に親族との関わりでは，冷静さと客観性が求められます。

　法人への意見・不安・苦情等への真摯な対応は，法人の適切な業務運営と後見人の信頼性向上につながります。何事も担当者任せにせず，法人として，迅速かつ組織的に対応することで，円満な問題解決を図ることができます。

　法人として対応が難しいと判断される場合には，地域連携ネットワークや外部の専門職，監督人・家庭裁判所に相談することが肝要です。

解　説

●本人や親族との関わり方…図表2-10参照

　後見人は，本人の代理人であり，本人目線にたった判断や行動が要求されます。本人をないがしろにするような振る舞いや言動は慎まなければなりません。可能な限り，本人とのコミュニケーションに努め，十分な情報提供を行うことによって，本人の真意を引き出すことが必要と考えられます。

　一方で，親族との関わり方では，難しいケースがあります。例えば，親族，特に同居の家族等から，通帳を見せてほしいとか財産状況について聞かれたり，逆に本人に関する情報を提供されることがあります。しかし，親族の発言や情報，対応が常に正しいとは限りません。後見法人は，親族の立場で判断することは避けて，冷静さと客観性を備えることが必要です。

●組織としての対応の徹底…図表2-10参照

　ステークホルダーからの意見・不安・苦情等に真摯に対応することは，法人の適切な業務運営を図るとともに，後見人としての信頼性向上につながります。何事も担当者任せにせず，法人として迅速かつ組織的に対応することによって，担当者の不安を和らげ，円満な問題解決を図ることができます。

●苦情相談窓口の設置と外部との連携…図表2-10参照

　後見業務において，トラブルは必ず起こるという前提に立って，苦情や相談を受け付ける専用の窓口を設けることも考えられます。また，法人として対応が難しいと判断される場合には，地域連携ネットワークや外部の専門職・監督人・家庭裁判所に対して，躊躇せず相談することが肝要です。

参照QA 2-1，4-3

第2章　後見法人の運営管理

図表 2-10 苦情相談体制図

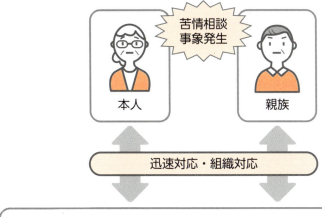

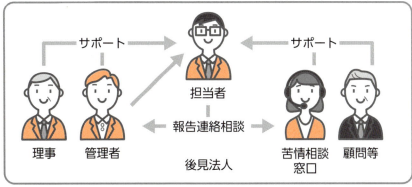

参考事例

- 苦情相談が持ち込まれたときは，迅速に対応することが何よりも問題解決の早道であるとして，報告や相談の習慣づけを徹底している事例があります。

第2章 後見法人の運営管理　37

2-11 地域資源との関わり

Q 自治体等から受任の打診を受けるためには，どのようにすればよいですか。
適切な活動地域の範囲や受任件数の目安はありますか。

A 自治体等から具体的な受任相談を受けるためには，活動地域で認知をしてもらうことが必要であり，潜在的な後見ニーズを抱える高齢者や障害者，本人の身近な存在であるケアマネ等の様々な地域資源にPRに行くことが早道です。

活動地域の範囲については，一概には言えませんが，本人の住まいの近くに担当者がいる等，法人としての支援が可能な範囲に留めることが望まれます。

受任件数の目安についても，一概には言えませんが，本人目線に立った後見業務のためには，理事や管理者が目が行き届く件数に留めることが望まれます。

解説

●**地域からの認知・普及**…図表2-11参照

後見の利用相談から受任につなげるには，まず，活動地域内で，後見法人の存在を認知してもらわなければなりません。そのためには，自治体，社会福祉協議会，地域包括支援センター等に，繰り返し訪問することは不可欠ですが，潜在的な後見ニーズを抱える高齢者・障害者や，本人の身近にいる居宅介護事業者のケアマネ等にPRに行くことが早道です。潜在ニーズを抱える高齢者等にアウトリーチするために，町会・自治会等への地道な普及啓発活動も大切です。

●**活動地域の範囲**

後見法人の経営方針や確保できる経営資源等にもよるため，一概には言えませんが，本人目線に立った後見業務を行っていくには，本人の住まいの近くに担当者がいて，法人としての支援が可能な範囲に留めることが望まれます。

本人が施設へ入所する場合，現在の住まいから遠く離れた地域に転居するケースも増えています。今後は，後見法人同士の連携等も視野に入れる必要があるでしょう。

●**受任件数の目安**

後見法人の経営方針や確保できる経営資源等にもよるため，一概には言えませんが，あくまでも市民後見の立場で，本人目線に立った後見業務を行っていくには，理事や管理者の眼が行き届く件数に留めることが望まれます。

常時10人前後の会員が活動する後見法人であれば，10～20件程度が妥当な受任件数と考えられます。担当者や管理者等の後見業務の習熟や，人員・資金等の経営資源確保が可能であれば，100件を超える受任も可能と考えられます。

図表 2-11　地域資源との連携（情報収集・後見ニーズの発見・相談）

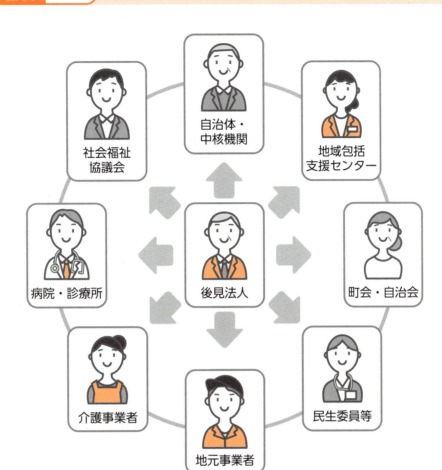

参考事例

- 設立時から，自治体や社会福祉協議会への挨拶にも増して，高齢者ニーズを把握している介護事業者等にコンタクトを図った結果，多数の受任につなげている事例があります。
- 頻繁に社会福祉協議会や地域包括支援センターに顔を出して，信頼関係を構築し，個別事案の相談から後見の受任につなげている事例があります。

2-12 人材の確保と育成

Q 後見業務に携わる人材の確保や育成は，どのようにすればよいですか。

A 後見法人を長期にわたって安定・発展させるためには，後見業務を担う人材を確保し，育成していくことが不可欠です。人材確保には，様々なルートを通じて，アンテナを張る必要があります。人材育成では，自治体や社会福祉協議会と協働で，市民後見人養成講座の開催運営を行う等，地域資源との連携によって，後見の担い手の確保・育成に努めることが考えられます。

近隣の後見法人と情報交換やネットワークを構築して，担い手の確保・育成に努めることも有効と考えられます。

解 説

●人材の確保…図表2-12参照

後見法人を立ち上げた後の次世代の取り込み・人材確保は，どの後見法人でも悩みの種になっています。人材確保には，人縁・地縁等の様々なルートを通じて，アンテナを張る必要があります。

後見業務の担い手は，活動に相応の時間を割けるアクティブシニアが中心となりがちですが，若年層や主婦等あらゆる世代が関わることが，真の「成年後見の社会化」の実現につながります。地元密着の民間企業や地域資源から人材拠出を受けることや，自治体等を巻き込んで，民間版後見人バンクの仕組みを構築することも有効ではないかと考えられます。

●人材の育成…図表2-12参照

常時安定的に後見業務を行っている後見法人が，実務を通じて人材の育成を図ることが理想ですが，地域全体で人材を確保育成するには，自治体や社会福祉協議会と協働で，市民後見人養成講座の開催運営を行うことが考えられます。

さらに，地域内の大学等と提携し，成年後見制度の学習を含む市民協働の常設講座を開催し，担い手のレベルやニーズに合わせたカリキュラムを用意することで，広く後見業務に必要な人材を育成することが可能と考えられます。

●後見法人間の連携・ネットワーク

近隣の後見法人と情報交換やネットワークを構築して，担い手の確保・育成に努めることも有効と考えられます。地域内に，受任実績が豊富な社会福祉協議会や後見法人を中核組織として，コーチ派遣やインターン派遣等による人材交流を図ることができれば，地域内の後見人材の質・量を確保することが可能と考えられます。

参照QA 1-3

第2章 後見法人の運営管理

図表 2-12　地域連携による人材確保・育成スキーム図（一例）

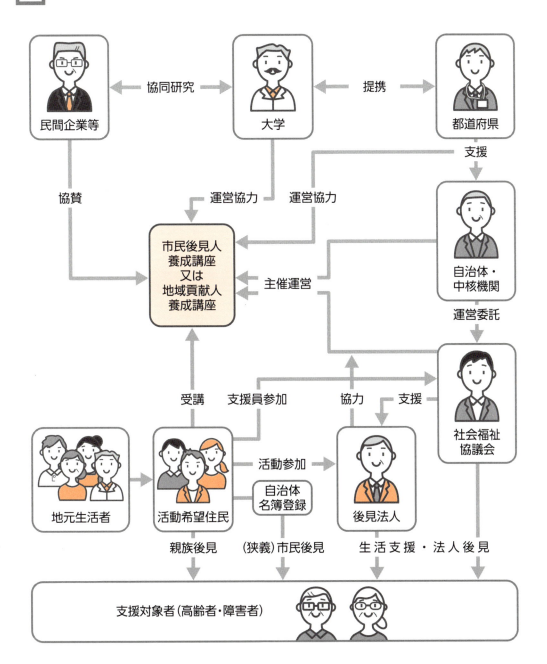

参考事例

- 成年後見制度を学びたい・親族後見人を目指したい・成年後見を利用したいという市民を，正会員・賛助会員とは別の会員として組織化し，定期的な勉強会を開催している事例があります。

第2章　後見法人の運営管理

2-13 財源確保の方法・手段

Q 財源確保の方法・手段には，どのようなものがありますか。後見業務以外に収益事業を営むことはできますか。

A 後見法人の主な活動収入には，後見報酬の他に，賛助会費，研修・セミナー引受等による講演料等があります。NPO法人の場合，自治体からの助成金も受けやすくなります。

安定的な財源確保のためには，賛助会費，企業等からの広告宣伝料，寄付・遺贈のほか，ファンドレイジング等による活動資金集めも考えられます。地域コミュニティの運営や，高齢者や障害者向けのサービス等は，後見法人の目的に資するとともに，事業基盤の安定化につながると考えられます。

解説

●**後見報酬**

後見法人の中核的な活動収入は，後見人報酬です。市民後見法人の場合，基本報酬は，およそ20万円強程度とみておけばよいでしょう。ただし，キャッシュフローの実現は1年後となることもあり，収支計画に正確な売上金額を織り込むことは難しいのが現実です。

●**財源確保策**

特に設立当初は，後見報酬だけで後見法人を維持運営させていくことは，難しいと思われます。以下のような安定財源の確保を検討しましょう。

・賛助会費・公告宣伝料
・普及啓発に係る研修・セミナー等の講演料
・自治体・公益法人等からの助成
・寄付・遺贈

なお，移行型任意後見契約の場合，発効までの期間，見守り委任・財産管理契約等の報酬を受け取ることも可能です。

●**収益事業**…図表2-13参照

非営利法人であっても，収益事業を行うことが禁じられているわけではありません。地域コミュニティの運営や，高齢者や障害者向けのサービス等は，後見法人の目的に資するとともに，事業基盤の安定化につながると考えられます。例えば，認知症カフェの運営や空き家の発見管理の他，日常的な見守り等の高齢者向けの日常生活支援事業は，将来の任意後見契約への足がかりになるとともに，将来の後見業務との相乗効果が得られます。

参照QA 1-3

図表 2-13　日常生活支援サービス（一例）

	サービス	具体的な内容
トータル	安心・見守り訪問サービス	話し相手，買い物支援（代行・付添い・注文サポート），散歩・通院・金融機関の付添い支援，庭の草むしり，部屋の掃除，ICT機器の使用支援，行政手続のサポート等
スポット	買い物付添い・代行	近所のスーパー等への買い物の付添い・代行
スポット	通　院・入　院	急な入院の手続き，入院費の支払い，通院付添い
スポット	外出・旅行付添い	遠方への外出（墓参り，演劇鑑賞等）や旅行の付添い
スポット	日 常 金 銭 管 理	金融機関からの引出し，日常生活に必要な金銭管理
スポット	行　政　手　続	市役所等公共機関への書類の届け出，郵便物整理支援
スポット	整　理　収　納	居室内の家具の転倒防止や電気器具の配置，収納配置換えの支援
スポット	重要書類預かり	証書・実印・通帳等を提携先業者にて管理
スポット	公正証書遺言作成	公正証書遺言の作成支援

column　事業運営に係る助成

　NPO等の市民団体に対する助成金については，行政・社会福祉協議会・民間企業等の財団等，様々なものがあります。

　1951年から社会福祉法で定められている赤い羽根共同募金は，社会福祉を目的とする事業経営に配分されます。山口県や栃木県等の取組みに見られるように，成年後見制度に関する普及啓発・講座の開催運営等の目的限定型の寄付の方法もあります。地域全体での取組みにつなげていくことで，寄付を受けやすくなることが考えられます。

　他に，日本財団や福祉医療機構（WAM）等の助成はよく知られていますが，他に助成の受付がないか，新聞・広報誌・インターネット等での情報収集に努めましょう。公益活動団体が活用できる制度のサイト等（助成財団センター等）もあります。自治体が行う市民協働事業に参画するのも一つの手です。単に助成を受けるだけでは，根本的な資金繰り確保には繋がりません。しっかり事業計画等を立てることが大切です。

ひとくちメモ　ファンドレイジングとは

　ファンドレイジングとは，一般的には民間の非営利団体が活動資金を集める行為の総称とされています。寄付・遺贈・（賛助）会費・行政等からの助成金や補助金等の財源確保手段があります。

　Webサイト上で広く個人・法人等から資金を集める場合，クラウドファンディングと呼ばれます。

第 **3** 章

後見受任時の事務

3-① 受任打診を受けた時の対応判断

Q 　自治体や地域包括支援センター等から受任打診を受けた時，受任するかどうかの判断は，どのように考えればよいですか。

A 　地域資源から受任の打診を受けたときは，受任案件会議（4‐4を参照）を開催し，法人として対応可能かどうかを見極めます。

　判断基準のポイントとしては，活動地域，本人の状況（住まい，障害の程度など），保有財産の状況（財産の額，管理が必要な資産の有無など），親族の状況（本人への虐待の有無，犯罪者等の有無など）などが考えられます。

　難しいと思われる事案の場合は，経験豊富な担当者のアサインや，法人内のバックアップ体制，外部の地域資源等を積極的に活用するとよいでしょう。

解　説

●受任の判断基準…図表3‐1‐1，3‐1‐2参照

　地域資源から受任の打診を受けたときは，受任案件会議（4‐4を参照）を開催し，法人として対応可能かどうか見極めます。親族がいない事案，高額の資産を保有していない事案，介護施設等に入居している事案等，比較的易しいと想定される事案からスタートできるとは限りません。そもそも，後見の事案にまったく同一のケースは一つもなく，事案に応じた判断を求められます。中核機関や外部の専門職と協力しながら受任経験を積んでいくことを目指しましょう。

●難しいと思われるケース

　一般的に，以下のようなケースは，難しい事案であると思われます。

- 本人の住まいの近くに担当者がいないケース→今後は，受任後に，遠方の施設に入所せざるを得ない場合も増えてくると思われます。中核機関等との連携を深めましょう。
- 財産が多額かつ種類が多い（賃貸不動産を多数所有している等）ケース
- 親族が，本人を虐待している（可能性がある場合も含む）ケース
- 親族に犯罪者がいるケース・反社会的組織に属しているケース→警察・自治体・法律専門職との連携が不可欠です。

●難しいと思われるケースの受任体制

　できる限り経験豊富な担当者をアサインすること，法人内のバックアップ体制の確保充実が必要です。地域連携ネットワークでは，中核機関がハブとなって，チームによる後見を推進することが想定されています。外部の地域資源等を積極的に活用して，受任を行っていくとよいでしょう。

参照QA 3‐4，4‐4

46　第3章　後見受任時の事務

図表 3-1-1　受任の判断基準

判断基準	内　　容
活動地域	□本人の近くに担当者が住んでいるか。 □身上保護を行う上で支障があるか。
本人の状況	□自宅に住んでいるか。施設に入居しているか。 □障害の程度はどの程度か。
財産の状況	□本人の保有財産が多額か。 □預貯金以外に不動産等の管理が必要な資産を多数保有しているか。
親族の状況	□本人との関係は良好か。 □犯罪者又は反社会的組織に属する者か。

図表 3-1-2　相談受付票（一例）

本　　　人	□氏名　□生年月日（年齢）　□性別　□住所　□電話番号
相　談　者	□氏名　□住所　□電話番号　□本人との関係
相　談　内　容	□法定後見　□任意後見　□成年後見制度概要　□申立手続説明・支援 □日常の金銭管理　□相続・遺産分割　□遺言　□贈与 □財産の管理・処分　□悪徳商法　□借金 □身上保護　□身元引受　□死後の事務　□身の回りの世話など □福祉制度　□精神障害　□知的障害　□親なきあとの問題　□虐待　□その他
本　人　情　報	生活状況　　□在宅　　　□施設・病院（　　　　） 同居親族　　□なし　　　□あり 心身状況　　□認知症　□知的障害　□精神障害　□その他（　　　　） 介護認定　　□なし　　　□あり（支1・2／介1・2・3・4・5） 障害者手帳　□なし　　　□あり（身体・知的・精神　　級） 財産状況　　□年金　月（　　　）万円　□預貯金　約（　　　）万円 　　　　　　□所有不動産（　　　）　□その他（　　　）
相談の内容	
親族関係図	
結　　　果	□解決　□継続相談（次回　　年　　月　　日）　□継続相談の可能性あり □紹介（機関名：　　　　　　担当者名：　　　　　　）　□その他（　　　）

品川成年後見センター資料より作成

3-2 申立支援時の対応方法

Q 後見の申立支援を行うときは，どのようにすればよいですか。

A 後見法人が申立書類を作成する場合は，申立支援という位置づけでの支援が可能です。後見法人が，後見人候補者となる場合には，上申書において，後見法人の経歴や概要，特徴，当該法人が後見人になることのメリット（本人との関係の深さ，構成員の専門能力の高さ，360度支援が可能であること等）を説明するとよいでしょう。
　法人全体のスキル向上のため，申立書類作成の定期的な研修を行うとよいでしょう。

解　説

●申立支援について

　成年後見の申立権者は法定で定められています（民法7条，11条，15条，老人福祉法32条，精神保健福祉法51条の11の2，知的障害者福祉法28条，任意後見法4条，10条）。報酬等を受け，業として申立てを行うことが法律上明確なのは，弁護士と司法書士に限られます（弁護士法72条，司法書士法3条）。後見法人が申立書類を作成する場合は，あくまでも申立支援という位置づけになります。報酬を受け取る場合は，申立支援料として収受するか，本人に法人の会員になってもらった上で，会費を徴収するという形をとるのがよいでしょう。

●上申書…図表3−2参照

　上申書とは，官公庁に提出する書類のうち，法律に基づかないものを指します。上申書は，申立人だけが書く必要はありません。親族・ケアマネなど本人のことをよく知る様々な人から上申書を書いてもらうこともできます。

　後見法人が，後見人候補者となる場合には，上申書において，後見法人の経歴や概要，特徴，当該法人が後見人になることのメリット（本人との関係の深さ，構成員の専門能力の高さ，360度支援が可能であること等）を説明するとよいでしょう。

　なお，申立料は，申立人負担ですが，上申書に記載すれば，本人負担とすることができます。

●申立書類作成の留意点…図表3−2参照

　申立ては基本的に口頭でも可能です。申立書類の中で，記載できない箇所があるとか，調査ができず財産目録が不十分である，親族の同意が得られない等の事情があったとしても，申立後の調査官調査等で補充することができるので，心配ありません。事前に中核機関や家庭裁判所に相談してみましょう。法人全体のスキル向上のためにも，申立書類作成にかかる定期的な研修を行うとよいでしょう。

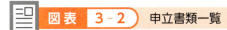

図表 3-2　申立書類一覧

申立書類	内容・記載のポイント
申立書申立事情説明書	●個人後見の場合と同様です。
後見人候補者事情説明書	●候補者欄には法人のことを説明します（理事長のことを説明するのではありません）。
上申書	●法人の特徴やPRをします。 ●法人の状況についてもきちんと説明しましょう。 ●本人の事情をよく知るケアマネ等，第三者に上申書を書いてもらうことも可能ですので，積極的に相談しましょう。
法人説明資料	●以下の資料を添付します。 　・定款 　・既に整備している各種規程類 　・財産状況 　・登記事項説明書 　・会員名簿 　・組織図 　・研修実施等の活動実績

参考事例

●申立時の書類作成支援にあたって，申立支援料という形でお金を収受している事例があります。

3-3 任意後見契約の締結

Q 任意後見契約を締結するときは，どのようにすればよいですか。

A 任意後見契約を締結するときには，本人に仕組みを説明したうえで，意向を十分に確認します。法定後見の場合と同様，後見支援プランの作成が重要です。

　代理権限の範囲及び付与については，重要な財産の処分について，監督人の同意を要する等，後見人単独での権限行使を回避することも有効と考えられます。

　後見報酬については，法定後見と同水準が望まれます。将来遺贈等を受ける場合には，不当な利益誘導を行っていると批判されないように留意しましょう。

解　説

●**本人の意向確認と後見支援プランの重要性**…図表3-3参照

　任意後見契約には，即効型・移行型・将来型の3つのタイプがあります。仕組みをきちんと説明したうえで，本人の意向を十分確認します。契約時は，法定後見と平仄を合わせる上でも，利益相反の有無については留意すべきです。

　適切な収支計画に基づいた後見報酬等の妥当性を考慮するためにも，法定後見の場合と同様，後見支援プランの作成が重要です。但し，任意後見契約の締結前は，後見人に財産調査権はありません。後見発効前の財産管理契約を締結した上で，財産調査に関する委任条項を盛り込むことも考えられます。信頼できるファイナンシャルプランナーとの提携も検討しましょう。

●**権限付与について**…図表3-3参照

　代理権目録の作成においては，特に，代理権限の範囲及び付与の方法について，公証人とよく相談しましょう。自宅不動産の売却や高額の預貯金の払出し等，重要な財産の処分の権限行使に関しては，例えば，監督人の同意を得ること等の特約を設けることが考えられます（資料編参照）。本人の取消権の代理行使権限付与や，親族の法定後見申立や生活保護申請の代理権付与等も検討するとよいでしょう。

●**後見報酬について**

　任意後見人の後見報酬については，おおむね法定後見の場合と同水準とすることが望ましいでしょう。生前の後見報酬を極端に低額にする代わりに，高額の遺贈を受ける事例も見られますが，不当な利益誘導を行っていると批判されないように留意することも必要でしょう。任意後見監督人にも報酬が付与されることについては，あらかじめ本人に説明しておくとよいでしょう。

 参照QA　2-3，3-4／3-7，5-11

図表 3-3　任意後見契約締結上の留意点

契　約	ポイント
見守り・財産管理契約	● 任意の監督機能確保の条項 　―― 重要な財産の処分等に関しては代理人単独で権限行使できないとする等 ● 第三者委員会等でのチェック体制の構築
任意後見契約	● 本人の親族の後見申立の代理権の付与 ● 本人の生活保護の申請の代理権の付与 ● 判断能力低下時期における任意後見監督人選任申立および実行性確保の義務条項 ● 本人の法律行為に関する取消権の付与 ● 重要な財産の処分に関する権限行使の特約条項 　―― 重要な財産の処分等に関しては任意後見人単独で権限行使できないとする等 ● 第三者委員会等でのチェック体制の構築
死後事務委任契約	● 受任報酬については，預かり金又は信託の準備 ● 相続人との役割分担の明確化

民事信託の併用・推進

　任意後見の場合，後見人による多額の財産管理の負担を低減させつつ，相続対策としても有効な民事信託機能を併用することも有効です。特に葬儀費用や死後事務委任費用の確保のために，民事信託の設定も検討するとよいでしょう。信託業法上，信託の引き受けに関する担い手は限られています。受託者として適切な親族がいる場合は，信託の設定も検討しましょう。

3-4 任意後見監督人選任の申立て

Q 任意後見監督人選任の申立ては，どのようにすればよいですか。

A 特に移行型の任意後見契約の場合，契約上，任意後見監督人選任の申立てを義務とすることや，法人内部の監視体制・外部との連携による見守り体制を構築・強化することによって，適切な発効につなげることが考えられます。定期的な受任案件会議における確認等，法人内部の監視体制の構築が必要です。

さらに，地域包括支援センター，保健師，ヘルパーやケアマネ，民生委員等，地域連携ネットワークを活用した見守り体制の構築が有効と考えられます。

解 説

●**後見発効前の周囲の見守りの必要性**…図表3-4-1参照

特に移行型の任意後見契約の場合，判断能力低下時の任意後見監督人の選任申立が義務化されていないこと等から，任意後見の適切な利用につながっていないとの批判がなされているところです。

契約上，任意後見監督人選任の申立てを義務とすることや，法人内部の監視体制・外部との連携による見守り体制を構築・強化することによって，適切な発効につなげることが可能です（資料編参照）。任意後見発効前に，本人が財産被害に遭遇するリスクもあります。発効前から地域連携ネットワークとの連携も検討しましょう。

●**法人内部の監視体制**…図表3-4-1参照

まずは法人内部の監視体制の構築を行いましょう。定期的（年に2回〜4回等）に電話や訪問等を行い，心身の状態に変化がないかの確認や，本人の状況に関するインタビューシートの作成，定期的な受任案件会議における確認等，法人内での見える化・ルール化を構築します。

●**外部との連携による見守り強化**…図表3-4-1，3-4-2参照

法人内部だけではなく，地域連携ネットワークを活用した見守り体制の構築が有効と考えられます。例えば，本人と一緒に中核機関を訪問し，任意後見契約を締結の事実を伝え，地域包括支援センター，保健師，ヘルパーやケアマネ，民生委員等からの情報連携の依頼を行うことが考えられます。周囲の関係者が，本人に変化が見られた場合には，適宜報告を受ける等の方策が有効でしょう。

財産管理能力の観点から，本人の日常生活を守るための基本的な金銭管理能力を評価尺度として，FCAT（Financial Competency Assessment Tool）という手法があります。判断能力の低下見極めに有効な手段と考えられます。

 参照QA　1-3，2-6，3-1／3-3

図表 3-4-1 任意後見監督人選任申立てチェック体制

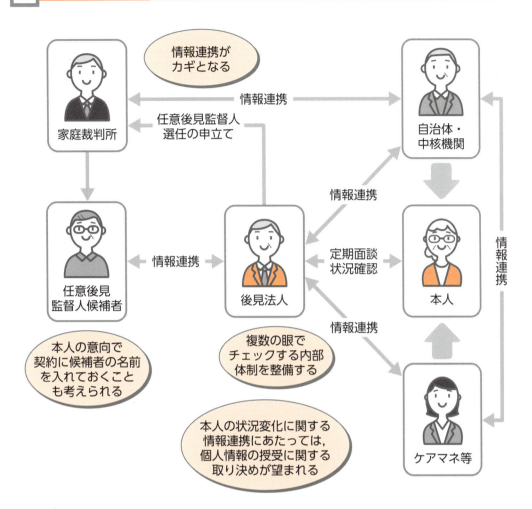

column 任意後見監督人の候補者の指定

任意後見監督人は，家庭裁判所の審判によって決まりますが，本人が希望する場合には，あらかじめ候補者をあげておくこともできます。その場合，任意後見契約書に，以下のような文言を入れておくことが考えられます。

第○○条「任意後見監督人候補者として，○○○○を指定する。ただし，家庭裁判所がこれと異なる判断をするときは，この限りではない。」

参考事例

● あらかじめ日常的に本人とコンタクトする関係者と連携し，本人の状況について情報提供を受けることができる体制を構築している事例があります。

第3章 後見受任時の事務　53

| 図表 | 3-4-2 | FCAT（Financial Competency Assessment Tool） |

FCAT（Financial Competency Assessment Tool）とは，日常生活を守るための基本的な財産管理能力を評価する尺度（金銭管理能力評価尺度）です。米国で作成された精神障害者の手段的日常生活動作を評価する手法や，アルツハイマー病患者の金銭等管理能力を評価する手法等を参考に，わが国の文化的・社会的背景に適合するように，日本の研究者が独自に作成したものです。

調査は，19歳から88歳までの男女142人を対象に，健常者・疾患者（アルツハイマー病，統合失調症，その他の精神疾患）と1対1の面接形式で行われました。6つの領域ごとに能力が評価され，すべての領域得点及び合計得点において，1％水準で有意な正の相関が認められ，十分な妥当性が確認されたと報告されています（次頁の調査結果参照）。

領域		項目内容	配点
領域Ⅰ	基本的金銭スキル	「これはいくらですか」	1
		「これ（1000円）とこれ（100円）はどちらの金額が大きいですか」	1
		「その差はいくらですか」	1
		「これ（1000円）はこれ（100円）の何倍ですか」	1
		「これは全部でいくらになりますか」	1
		「ここから合計で1240円選んでください」	1
		「週に一度，1500円で外食をするとしたら，1ヶ月でいくらの支出になりますか」	1
		「月の収入が20万円あります。水道光熱費が1万円，電話代が5千円，家賃が6万4千円かかるとします。残りは幾らになりますか」	1
		「1週間2万円で生活するためには，1日平均いくら位使うことができますか」	1
領域Ⅱ	金銭概念	「借金」これはどういう意味ですか	2
		「年金」これはどういう意味ですか	2
		「銀行」何をするところですか	2
領域Ⅲ	金融機関の利用	「この通帳と印鑑をご自分のものだとしてください。暗証番号はここに書いてある番号だとします。これら（印鑑・通帳・暗証番号を書いた紙・ボールペン）を使って，私を銀行の窓口係だと思って，5万円引き出してください」	2
		「これを銀行のATMだと思って，2万円を引き出してください。カードや通帳を入れた後に，ここの画面のどこを押しますか」	2
領域Ⅳ	物品購入	「私をスーパーのレジの店員さんだと思って，財布の中のお金（3969円）で，これ（ペットボトル）を買ってください」	2
		「財布の中のお金（3980円）で，これらを（ペットボトル・飴・歯磨き粉）を買ってください」	2

領域		項目内容	配点
領域V	金銭的判断	「電化製品や家具など，物を買いかえる時の基準は何ですか。どのような点を考慮して（考えて）買いますか」	2
		「車を買うときにローンを組むことになりました。あなたならどのように組みますか」	2
		「友人にお金を貸して欲しいと頼まれました。あなたならどうしますか」	2
		「「無料で商品を差し上げますので，すぐ近くの会場までぜひいらしてください」と，家に訪ねてきた人に言われました。あなたなら，どうしますか」	2
		「訪問販売で商品を買ったすぐ後に，やはりその商品が必要ないものだと思いました。あなたなら，どうしますか」	2
領域VI	収支の把握	1ヶ月の収入と支出の把握について	1
		「普段，お金の管理はご自分でなさっていますか」	1
		「買い物をするときに，計算や支払いで上手くいかないことや，困ることはありますか」	1
		「お金のやりくりが上手くいかないことや，困っていることがありますか」	1
		「なにか，お金のやりくりで工夫していることがありますか」	1
合　　計			38

調査結果

平　均		I	II	III	IV	V	VI	合　計
健常者	19-49歳	8.78	4.00	3.80	4.00	7.73	4.89	32.20
	50-79歳	7.83	3.80	2.49	4.00	6.06	4.71	27.94
疾患者	アルツハイマー	4.25	2.35	0.32	2.06	2.65	1.65	12.45
	統合失調症	6.10	2.75	1.10	3.35	3.55	4.40	20.45
	他の精神疾患	7.88	3.62	1.63	3.75	5.38	3.75	25.00

櫻庭幸恵・熊沢佳子・松田修「Financial Competency Assessment Tool（FCAT）の作成と検討：信頼性と妥当性の検討」東京学芸大学紀要第一部門55巻（2004/2/27）より作成
http://ir.u-gakugei.ac.jp/bitstream/2309/2114/1/03878910_55_15.pdf

3-5 審判確定直後の業務

Q 審判確定直後の業務には，何がありますか。

A 審判が確定すると，正式に後見人就任となり，後見業務がスタートします。登記事項証明書の取得に始まり，行政機関や金融機関に出向き，就任届や連絡先変更の手続きを行います。監督人が就く場合には，就任挨拶を行うとともに，財産調査の立会い等を求めます。

本人とは，今後の後見支援プラン作成のことを念頭に置いて，今後の暮らしについて面談を行います。親族や本人の事をよく知る関係者に対しても，できる限り挨拶に出向き，聞き取り調査や情報収集を行います。

解説

●登記事項証明書の取得…図表3-5参照

審判が確定すると，正式に後見人就任となり，後見業務がスタートします。登記事項証明書は，後見人が諸手続きを行うために最も基本となる書類です。確定日から後見がスタートするため，審判の確定日を確認します（家庭裁判所による特別送達のため，申立人・本人・後見人が全員受け取ったことを確認しないと審判は確定しません）。登記事項証明書の取得前に，急を要する事情がある場合には，審判書・審判確定書を取得します。

●本人・親族や関係者との面談（聞き取り調査・情報収集等）…図表3-5参照

本人とは，今後の後見支援プラン作成のことを念頭に置いて，今後の暮らしについて面談を行います。親族には，将来，医療同意や相続，死後事務等において関わりが発生しますので，できる限り挨拶に出向き，今後の協力を依頼します。

地域包括支援センター，民生委員，町会長，自治会長等の他，隣近所や友人・知人等，昔からの本人のことをよく知る関係者も，今後の後見業務において協力を得る必要があります。できる限り挨拶に出向きましょう。監督人が就く場合には，後見法人の紹介をするとともに，今後の後見業務における相談報告等についての打ち合わせを行います。

なお，後見法人が申立てを行っていない場合，手元に申立資料はありませんが，家庭裁判所で家事審判記録の閲覧やコピーを取ることができます。

●財産状況の調査…図表3-5参照

監督人が就く場合，財産調査の立ち合いが必要となりますので（民法853条2項），金融機関等や本人の自宅等へ訪問する際には同行を依頼します。

参照QA 3-6／3-9

第3章　後見受任時の事務

図表 3-5 審判確定直後の業務

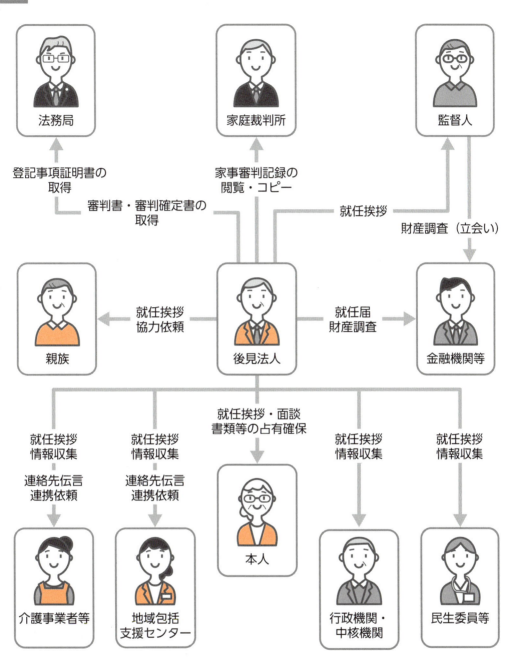

3-6 後見人就任に係る手続き

Q 後見人に就任した旨の届出先には，どのような機関がありますか。本人宛の郵便物の転送は，どのようにすればよいですか。

A 後見人による代理権行使や，本人宛の連絡・書類等の代理受領等，業務遂行の円滑化のためには，行政機関や金融機関の他，保険会社や証券会社，介護事業者等に対し，代理人届の提出や，後見人に連絡・転送して代理受領できるようにしておくとスムーズです。

郵便物・信書等の転送については，円滑化法によって，家庭裁判所への審判申立により，成年後見人あてに郵便物の転送を受けることが可能になりました。

解　説

●**後見人就任の届け出**…図表3-6参照

後見人による代理権行使や，本人宛の連絡・書類等の代理受領等，業務遂行の円滑化のためには，必要な機関に対し，代理人届の提出や，後見人に連絡・転送して代理受領できるようにしておくことがスムーズです。

後見人就任に係る届け出を行う機関には，行政機関や金融機関の他，保険会社や証券会社，医療・介護機関等があります。

●**本人確認書類**

就任の届け出を行う場合，後見法人の本人確認書類や，正当な代理権限を有することを示す書類の他，担当者が法人の構成員であることを示す書類も必要です。手続きに必要な書類は，原則として以下の4つがあります。

①印鑑証明書，②登記事項証明書，③法人からの委任状（担当者），④担当者の本人確認書類

●**郵便物の転送について（円滑化法）**

2016年10月13日に施行された円滑化法によって，家庭裁判所への審判申立てにより，後見人あてに郵便物の転送を受けることが可能になりました（後見類型のみ適用，原則6ヶ月）。実務先行だった状況について，法律が明確にお墨付きを与えたものです（民法860条の2，860条の3，家事事件手続法118条8号，120条1項6号，122条1項2号，2項，3項3号，123条1項8～10号，123条の2）。

参照QA　5-4，3-5，7-3

図表 3-6　後見人選任届・提出書類一覧

届出先		届出窓口	届出書類
行政機関	健康保険	市町村窓口	送付先の変更届
	介護保険	〃	〃
	福祉サービス	〃	〃
	住民税（市町村民税・都道府県税）	〃	代理人の届け出
	固定資産税・都市計画税	〃	〃
	年金・恩給	年金事務所	送付先の届け出
金融機関	銀行等	取引店	後見人選任届
	証券会社	〃	〃
	保険会社	代理店等	〃
医療機関・介護	医療機関	受付窓口	連絡先届
	居宅介護事業所	〃	〃
	介護施設	〃	代理人届

ひとくちメモ　信書とは

　信書とは，「特定の受取人に対し，差出人の意思を表示し，又は事実を通知する文書」です（郵便法・信書便法）。具体的に何が信書にあたるかは，日本郵便のホームページに詳しく出ています。正当な理由なく信書を開封することは，信書開封罪に該当します（刑法133条）。

日本郵便㈱ホームページ「信書に該当するものを教えてください」
https://www.post.japanpost.jp/question/57.html

column　円滑化法（郵便物の転送）

　今まで，本人宛の郵便物を，後見人の住所に転送してよいかどうか，明確な根拠がありませんでした。2016年10月13日に施行された円滑化法（民法・家事事件手続法の改正）によって，成年後見人（後見類型のみ）は，郵便物の転送を受けることが可能になりました。
　宛名が本人宛であっても，明白に後見業務に必要なものは，後見人が開封することができます。ただし，開封は，本人の目の前で行うのがよいでしょう。なお，事務に関係ない郵便や明らかな私信等については，後見人に開封の権限はありません。転送期間は原則6ヶ月ですが，更新が可能です。

3-7 後見業務の方針と計画（後見支援プラン）

Q 後見業務の方針や計画（後見支援プラン）の策定は，どのようにすればよいですか。

A 後見支援プランとは，ライフプラン，エンディングプラン，ファイナンシャルプランの３つのプランを有機的に計画実行していくことと考えられます。後見人が後見支援プランの計画実行をリードすることによって，身上保護重視の後見業務の実現につながります。常に，本人の意向を確認するよう心がけましょう。

本人の希望に沿った後見支援プランとするためには，できる限り本人が元気な間に，これまでの人生を振り返り，棚卸しを行い，今後の暮らし方についての意思表示をしてもらうことが大切です。

解　説

●後見支援プランとは…図表３-７-１～３-７-３参照

後見支援プランとは，ライフプラン（将来のライフイベントを予測し，今後の人生に備える人生設計），エンディングプラン（自らの終末期から亡くなった後のことを考え，生前に希望を伝える意思表示），ファイナンシャルプラン（希望を叶えるための裏付けとなる資金計画の立案実行）の３つのプランを有機的に計画実行していくことと考えられます。

●後見支援プランの意義・目的…図表３-７-１～３-７-３参照

後見人が後見支援プランの計画実行をリードすることによって，身上保護重視の後見業務の実現につながります。本人とのコミュニケーションが難しい場合には，つい本人の希望よりも，周囲の意見が中心となりがちです。後見支援プランを計画実行していく段階では，常に，本人の意向を確認するよう心がけましょう。

後見法人の構成員の中に，様々な能力やスキルを持ったメンバーがいることで，様々な情報を収集し，よりよい知恵を出すことが可能となります。

●本人の事前意思の確認と記録

本人の希望に沿った後見支援プランとするためには，できる限り本人が元気な間に，これまでの人生を振り返り，棚卸しを行い，今後の暮らし方についての意思表示をしてもらうことが大切です。

エンディングノート等の事前の意思表示の必要性・有効性については，言うまでもありませんが，自己決定や記録を漫然と本人任せにするのではなく，後見人が一緒に考えたり，作成を手伝うことも有効と考えられます。

参照QA 3-3，4-9／4-10，6-2

| 図表 | 3-7-1 | 後見支援プランの流れと考慮すべき要因 |

常に本人の意向を取り入れる

① 意向確認	② 資産状況	③ 対策検討	④ 実行準備	⑤ 対策実行
本人の希望将来の夢を聞き取り 親族の希望を聞き取り	本人の収入支出確認 親族の収入支出確認 ライフプラン・エンディングプランの確認	対策チーム組成 収支予測 資産の活用や売却・就労支援等検討	金融資産の整理 不動産・ローン・保険等の契約見直し	資産売却 借入実行 信託契約 保険加入

収入要因　　支出要因

後見支援プラン	現在	5年後……10年後……20年後……100歳	死後
ライフプラン		治療入院・介護保険利用・相続発生 子供の生活変化・孫等の誕生や成長	
エンディングプラン			葬儀・埋葬・年忌法要
ファイナンシャルプラン	現状把握	年金・不動産収入・配当収入・給与収入・資産売却・相続承継 日常生活費・医療介護費・親族金銭支援・寄付等・後見報酬	収支過不足の推計

参考事例

● 家庭裁判所への申立てや初回報告の際，100歳までの収支を予測し，報告している事例があります。

第3章　後見受任時の事務　　61

図表 3-7-2　後見支援プラン（高齢者のケース・後見類型）

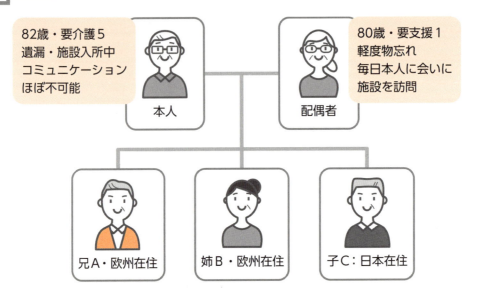

後見支援プラン

テーマ　　　　：ゆくゆくは夫婦が同室で入居できる施設に入りたい
資産状況　　　：不動産2件・多額の有価証券を保有・現状の家計収支は黒字
子供たちの希望：両親の資産は，両親のために使ってほしい
配偶者の希望　：年に一度は以前滞在していた欧州に旅行したい

→本人が85歳の時に，現住所内で，二人部屋の設備のよい施設に入所する
→毎月積み立ての投資信託は解約，株式は思い入れのある銘柄のため継続保有
→高度障害時に保険金が出る生命保険（本人加入）は，請求手続きを行う

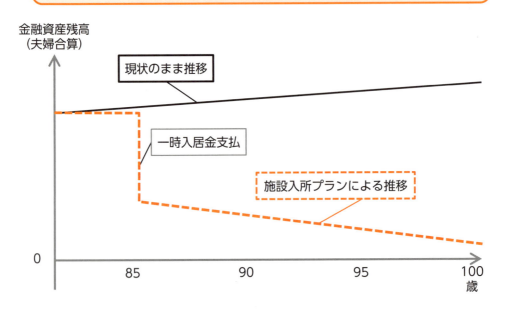

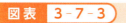

図表 3-7-3　後見支援プラン（障害者のケース・補助類型）

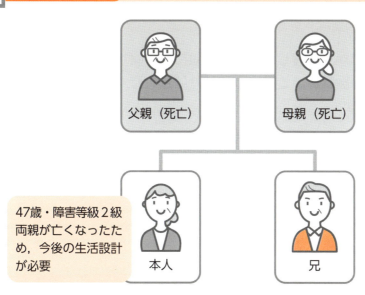

47歳・障害等級2級
両親が亡くなったため、今後の生活設計が必要

後見支援プラン

テーマ　　：精神障害の本人が100歳まで生活できるようにやりくりしたい
資産状況　：両親が残した本人名義の不動産あり
本人の希望：趣味の旅行は、できるだけ行きたい
兄の状況　：家族がいるため同居はできないが、できる限り妹を応援する

→段階的に、就労継続支援B型を4年、就労継続支援A型を6年行うことで収入確保
→金融資産が乏しくなってくる90歳前後に、保有不動産を売却予定
→死亡保障中心の生命保険（本人加入）は解約

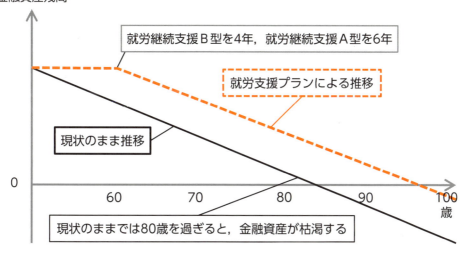

3-8 書類等の受領と財産状況調査

Q 本人や親族から引渡しを受ける書類には，何がありますか。
財産状況の調査は，どのようにすればよいですか。

A 後見法人が財産管理権を有する場合は，預貯金通帳等の財産関連書類の引渡しを受け，占有を確保します。本人や親族等から引渡しを受けた場合は，必ず預かり証を発行し，本人に交付します。財産関連書類には，預貯金等の通帳，印鑑，権利証，保険証書等があります。医療・介護・年金関連書類，本人確認書類等は，ケースバイケースで判断しましょう。

財産状況の調査のために，自宅の調査を行う場合には，本人の立会いの他，監督人が就いている場合には，必ず監督人にも立会いを求めます。

解 説

●占有の確保

後見法人が財産管理権を有する場合は，預貯金通帳等の財産関連書類の引渡しを受け，占有を確保します。本人や親族等から引渡しを受けた場合は，必ず預かり証を発行し，本人に交付します。本人の保管が難しければ，本人から親族に渡してもらいましょう。財産管理権を有していない場合は，基本的に本人が管理することになります。

本人や家族から，なかなか引渡しをしてもらえない時があります。説明を尽くした上で引渡しを受けることが理想ですが，やむを得ない場合は，通帳等の再発行手続きを行うことも考えられます。

●引渡しを受ける書類…図表3-8参照

引渡しを受ける書類として，財産関連書類には，預貯金等の通帳，印鑑，権利証，保険証書等があります。医療・介護・年金関連書類や，本人確認書類等の関連書類は，本人の状況に応じて預かるかどうかケースバイケースで判断しましょう。書類の紛失が判明した場合は，再発行の手続きを行います。

●財産の調査

財産調査のために，自宅の調査を行う場合には，可能な限り，本人に立会いを求めます。監督人が就いている場合は，監督人の立会いを要請します。

不動産については，登記済権利証や登記識別情報通知により内容を確認します。固定資産税の納税通知書等により確認することも有効です。また，通帳等の引き落とし項目や，クレジットカードの利用明細書等の各種請求書の確認等，債務の内容確認も忘れないようにします。

参照QA 3-9，6-7

64　第3章　後見受任時の事務

図表 3-8 引渡しを受ける書類等一覧

○：占有確保できる　×：占有確保できない

対象となる書類		財産管理権あり	財産管理権なし
財産関連	【金融機関関係】 　預金通帳・証書 　印鑑・キャッシュカード 【不動産】 　登記済権利証　等 【動産・その他】 　実印 　自宅等不動産のカギ 　自動車のカギ 【保険契約】 　火災保険等の損害保険証券 　生命保険証券 　不動産賃貸契約書類 　各種契約書類 【その他】 　暗証番号・ID・PW	○	×
医療・介護・年金関連	【医療】 　医療保険の被保険者証 　診察券 【介護】 　介護保険等の被保険者証 【年金】 　年金手帳　等	本人の状況に応じて都度判断します	本人の状況に応じて都度判断します
本人確認書類・その他	【本人確認書類】 　パスポート 　運転免許証　等 　住民基本台帳カード 　通知カード・マイナンバーカード 　在留カード　等		

3-9 家庭裁判所への初回報告

Q 家庭裁判所への初回報告の書類には、どのようなものがありますか。

A 審判確定後、原則として1ヶ月以内に、財産目録（取引残高のエビデンスのコピー等）および年間収支予定表（収入・支出の裏付け資料）を作成し、家庭裁判所に提出しなければなりません。後見支援プランを策定し、長期間（100歳くらいまで）の収支予定を計画すると万全です。

複数の者で調査を行い、管理者のチェックを受ける等、財産調査の正確性・適切性を担保できる体制を整備しましょう。

家庭裁判所への提出時には、法人所定の承認手続きを経ることが重要です。

解 説

●**財産目録・年間収支予定表の作成**…図表3-9参照

後見人は、審判確定後、原則として1ヶ月以内に、財産目録および年間収支予定表を作成し、家庭裁判所に提出しなければなりません（民法853条1項）。

財産管理権のない保佐人や補助人は、本来、財産目録や年間収支予定表の作成義務はないと思われますが、適切な後見計画実現のためにも、可能な範囲で調査・作成を行います。通常、家庭裁判所も、報告を求める運用を行っています。

●**財産調査の体制・監督人の立会い**…図表3-9参照

財産目録・年間収支予定表の作成にあたっては、財産調査を行うことになりますが、調査に漏れが生じないように、複数の者で調査を行い、管理者のチェックを受ける等、財産調査の正確性・適切性を担保できる体制を整備しましょう。

監督人が選任されている場合は、財産調査および財産目録の作成は、監督人の立会いの下で行わなければ、その効力は生じません（民法853条2項）。

●**家庭裁判所への報告手続**

報告書類が完成したら、法人所定の承認手続きを経て、家庭裁判所に提出します。担当者任せにせず、法人内でチェックするようなルールを設ける必要があります。監督人が就く場合は、監督人に提出し、監督人から家庭裁判所に提出します。

財産目録と収支予定表の提出期限は、就任時から、原則として1ヶ月以内です（家庭裁判所から報告期日が指定されます）。親族等の協力が得られず、調査が完了しない等やむを得ない事情がある場合には、家庭裁判所に財産目録作成期間伸長の申立てを行います。家庭裁判所へ報告する前に、本人にも書類を見せておくとよいでしょう。

 参照QA 3-5／3-8

第3章 後見受任時の事務

図表 3-9 初回報告書類一覧表

書 類	留 意 点
財 産 目 録	●資産ばかりでなく，債務・負債の有無も確認します。 ●以下の添付資料が必要です（いずれもコピー）。 　・預貯金等：預貯金通帳※ 　・不動産：登記簿謄本 　・保険証券 　・有価証券残高報告書 　・借入金等の残高が分かるもの ※東京家庭裁判所では，金融機関発行の残高証明書（原本）も必要となっています（定例報告時も同様）。
年間収支予定表	●収入・支出とも，裏付けとなる資料のコピーを添付します。 　・収入：年金通知書　等 　・支出：介護事業者への支払いの領収書，納税通知書，定期的な支払いのエビデンス　等 ●現状の収入で支出を賄えるのかどうか，将来的に預貯金の取り崩しや資産の売却が必要になるのかどうか。 ●後見支援プランを策定し，できる限り，長期間（100歳くらいまで）の収支予定を計画すると万全です。

参考事例

●家庭裁判所への初回報告の際，100歳までの収支を予測し，報告している事例があります。

第 **4** 章

後見受任中の事務（身上保護）

4-1 本人との面談

Q 本人との面談は，どのようにすればよいですか。

A 本人との面談は，本人の言葉に耳を傾けることから始まります。対話によって，本人に気づきを与えることが，成年後見制度の理念の一つである自己決定権の尊重につながります。

面談結果から，どのような方針で後見業務を行っていくか，アセスメントが重要になります。ケアマネジメントに必要な生活歴・人生歴・個別性に係る情報等を多く収集することが，本人の意思決定支援の判断材料になります。

解　説

●**本人との面談の意義**…図表4-1参照

本人との面談は，本人の言葉に耳を傾けることから始まります。スキルとしての傾聴が役に立つでしょう。本人との対話によって，本人に気づきを与えることが，成年後見制度の理念の一つである自己決定権の尊重につながります。

本人は，多数の医療・介護・福祉の関係者と会います。後見人は，コーディネーターであり，本人のサポート役であることを理解してもらうとよいでしょう。

また，複数の担当者で面談し，役割分担をすることで，一人あたりの責任を軽減することができるとともに，観察力のスキル向上にもつながります。本人の状況によっては，面談する担当者の身を守ることにつながります。

●**面談結果とアセスメント**…図表4-1参照

面談結果から，どのような方針で後見業務を行っていくか，アセスメントが重要になります。ケアマネジメントに必要な生活歴・人生歴・個別性に係る情報等を多く収集することが，本人の意思決定支援の判断材料になります。

アセスメントでは，利用している介護サービスや福祉サービスが，本人の心身の状況や意向とマッチしているかどうか等も検討しましょう。周囲の観察状況の情報も収集して，ケアマネ等と相談するとよいでしょう。

●**本人への財産状況の報告**

後見人が包括的な財産管理権を持っている場合でも，本人との面談時には，財産状況について，本人にきちんと財産状況を報告することが望まれます。通帳や報告書等を本人に見せて，現状について説明しましょう。簡略した財産状況報告書を作成してあげることも考えられます。

☞ 参照QA　1-3，2-4，4-2／4-6，6-9

図表 4-1　本人の意思決定支援に関わる情報

カテゴリー	情報	主体
基本情報	氏名，性別，生年月日，住所・電話，婚歴，緊急連絡先	医療介護
家族や家庭環境	キーパーソン，家族や親族の情報，経済的状況，家屋・住居周辺情報　他	医療介護
身体の状態	病気，服薬状況，身体所見，要介護認定，日常生活自立度，生活動作，血圧等，頭部画像検査，認知症機能検査等　他	医療介護
認知症	認知症の原因疾患，認知機能の程度，行動心理症状　他	医療介護
医療機関	かかりつけ医，認知症専門医，その他の医療機関，薬局　他	医療介護
生活支援や介護サービス	地域包括支援センター，民生委員，ケアマネ，介護サービス利用状況，介護事業者，福祉機器の利用，成年後見制度の利用　他	医療介護
生活歴・人生歴	出身地，人生史・生活歴，交友関係，仕事関係，幼少期，学生時代	ケアマネジメント
本人の個別性（生活の様子や趣味・嗜好等の事実）	●趣味・好み・習慣・こだわり（食事，テレビ番組，歌や歌手，好きなことや楽しみ，特技，日課，おしゃれ等） ●性格，人間関係（好きな人・仲良し，頼りにしている人，会いたい人） ●日中の過ごし方や生活リズム，暮らしの出来事，家庭・社会での役割，地域住民等とのつながり　他	ケアマネジメント
本人の個別性（本人の意思決定支援）	●将来の暮らしたい場所や生活への希望 ●将来の医療や生活支援に関する希望 ●将来意思が伝えられなくなったときに相談してほしい人 ●将来食べられない状況になったときの希望	ケアマネジメント

一般社団法人財形福祉協会「認知症ケアパスを適切に機能させるための調査研究事業検討委員会報告書」より作成　http://www.zaikei.or.jp/report140516.pdf

ひとくちメモ　マカトン・サインとは

　マカトン・サインとは，ことばや精神の発達に遅れがある人との対話のために，英国で考案された，手話をルーツにしたコミュニケーション方法です。手の動きによるサインと発声を同時に用いるのが特徴です。音声言語だけではコミュニケーションが難しい人との対話方法の一つとして学んでみることも有効ではないでしょうか。

参考事例

● 毎回，外出時の付添いを本人や家族からお願いされて，なかなか断りづらくなっている事例があります。

4-2 見守り体制

Q 本人の定期見守りは，どのようにすればよいですか。

A 定期的な見守りでは，現状の暮らしに対する困りごとの解決や満足度の向上，将来の備えといった観点から，本人と面談し，観察するとよいでしょう。面談する頻度は，おおむね月に1回以上を基本として考えればよいでしょう。チームによる対応を心掛け，普段から周囲の関係者とのコミュニケーションが大切です。

身上保護の基本は「手配」です。付添い等の事実行為への対応は，難しい問題ですが，市民による後見の推進と後見人の職務とのバランス感覚が求められます。

解　説

●身上保護の本旨

変化する本人の心身の状況を踏まえ，住まいや介護保険や福祉サービスは，現状のままでよいか，将来どんな問題が発生するか等を考えて対応準備することが，後見人に求められる身上保護の仕事です。

定期的な見守りでは，現状の暮らしに対する困りごとの解決や満足度の向上，将来の備えといった観点から，本人と面談し，観察するとよいでしょう。本人の状況にもよりますが，後見人が面談する頻度は，おおむね月に1回以上を基本として考えればよいでしょう。

●チームによる対応…図表4-2参照

利用促進基本計画で示唆されている通り，身上保護の活動では，チームによる対応を心掛けましょう。普段からの周囲の関係者に，気持ちよく協力してもらえるように，日頃のコミュニケーションを大切にしましょう。

●後見人の職務と事実行為

丁寧な身上保護を行っていくと，例えば，病院や外出等への付添いを求められることがあります。市民団体による後見は，手厚い身上保護が強みの一つでありますが，事実行為にどこまで対応すればよいかは，難しい問題です。

身上保護の基本は「手配」です。後見人が自分自身で何でもやる必要はなく，むしろ，やり過ぎに注意しましょう。後見人の職務のことをよく知らず，後見人とは介護をしてくれる人だと錯覚している本人・家族・関係者は少なくありません。よかれと思ったことが，かえって本人や家族とのトラブルになっては元も子もありません。市民による後見の推進と後見人の職務とのバランス感覚が求められます。

☞ 参照QA　1-3，2-1／2-9，4-1

第4章　後見受任中の事務（身上保護）

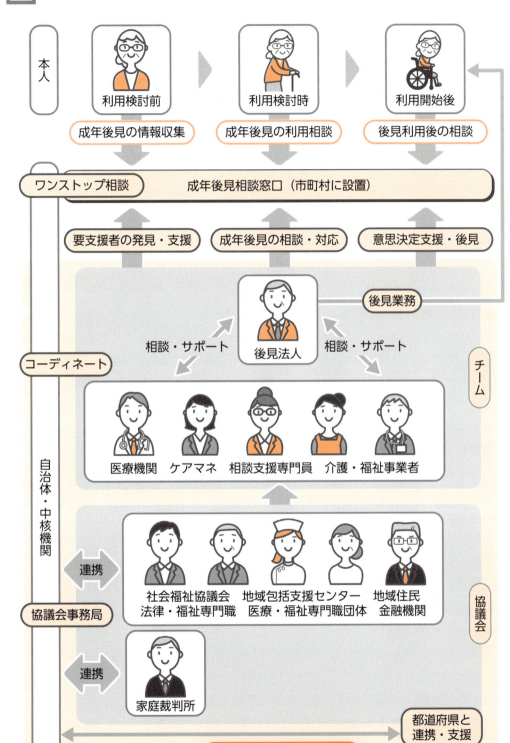

図表 4-2　地域連携ネットワーク

成年後見制度利用促進委員会資料を参考に作成

第4章　後見受任中の事務（身上保護）　73

4-3 親族や友人との関わり方

Q 本人の親族や友人との関わり方は，どのようにすればよいですか。
親族から財産内容の開示を求められたときは，どうすればよいですか。

A 　親族や友人は，本人のことをよく知る重要な関係者であり，時には後見業務のキーマンとなります。但し，親族や友人から得られる情報に基づく判断が常に正解とは限りません。本人が議論の中心にいるかどうか，常に注意しましょう。

　親族や友人に対しては，成年後見制度の仕組みや，後見人の職務や後見のメリットについて，きちんと説明することが肝要です。

　虐待が疑われる情報等を入手した場合には，事実確認や情報収集を行い，組織としての判断を決定し，速やかに対応を図ることが肝要です。

解　説

●後見業務のキーマン…図表4-3参照

　第三者である後見法人にとって，親族や友人は，本人のことをよく知る重要な関係者であり，時には後見業務のキーマンとなります。但し，親族や友人が，本人のことを一番理解しているとは限らず，また，彼らの情報に基づく判断が常に正解とは限りません。後見人は，中立的な立場で判断すると同時に，本人が議論の中心にいるかどうか，常に注意する必要があります。

●親族や友人との関わり方…図表4-3参照

　成年後見制度をよく知らない人は，後見人は介護をしてくれる人といった誤解をしていることがあります。成年後見制度の仕組みや，後見人の職務や後見のメリットについて，きちんと説明することが肝要です。親族や友人との関わりにおいては，後見人受任時と後見報酬の申請時は，注意しましょう。

　親族から「後見人が本人の通帳を見せてくれない」「お金は自分たちで管理する」と要求されることがあります。成年後見人の職務について丁寧に説明する一方で，本人の面前で財産状況の説明を行うことも考えられます。

●虐待への対応について

　2015年度における虐待件数は，高齢者，障害者ともに前年比増加しています。高齢者では身体的虐待が6割を占め，心理的虐待が続きます。障害者では身体的虐待が半数を占め，心理的虐待や経済的虐待（障害年金）が続きます。

　後見人は，早期発見義務と通報義務（市町村窓口）を負っています。虐待は，重大な権利侵害でもあります。虐待が疑われる情報等を入手した場合には，事実確認や情報収集を行い，組織としての判断を決定し，速やかに対応を図ることが肝要です。

参照QA 2-10

74　第4章　後見受任中の事務（身上保護）

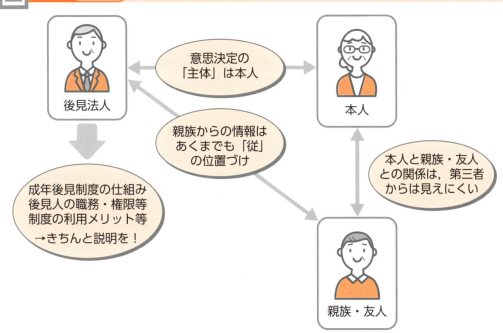

column 障害者差別解消法

2016年4月1日、障害者差別解消法が施行されました。2011年に施行された改正障害者基本法第4条においては、障害者差別禁止が明記されましたが、本法は、それを具体化したもので、障害者権利条約（2006年12月国連採択、日本は2007年9月署名、2014年1月批准）等の実効性確保が狙いであるとされています。

本法では障害者に対する「不当な差別的取扱い」の禁止と「合理的配慮の提供」を求めています。合理的配慮について、国や自治体等は対策を行うことが法定義務とされ、民間事業者は努力義務とされていますが、指導勧告に従わない場合等は、罰則の対象となります。

意思決定支援ガイドライン

2017年3月31日、厚生労働省より、「障害福祉サービスの利用等にあたっての意思決定支援ガイドライン」が発出されました。

障害者総合支援法施行後3年をメドとして、「障害者の意思決定支援の在り方」について検討が加えられてきた結果、国から自治体に対する技術的な助言として正式に発出されたものです。

本ガイドラインには、イギリスの2005年意思能力法の5大原則の理念が取り込まれており、意思決定支援における合理的配慮や、留意点が明記されています。

参考事例

- 母親が、障害者の子供のお金を自分で管理しており、なかなか通帳の引渡しに応じてくれなかった事例があります。

4-4 受任案件会議の運営

Q 受任案件会議の運営は，どのようにすればよいですか。

A 受任案件会議とは，後見の受任の可否の判断や，受任後の本人の状況について，現状の把握や課題，将来起こりうる問題について討議する会議です。

これまでの事例では，法人内部の構成員だけで運営していますが，本人や親族の参加も促して，直接本人や親族の声を取り入れる受任案件会議を開催することも有効と考えられます。

担当者からの報告に対しては，チームによる対応を心掛け，法人として対応するという考え方に立って運営することが大切です。

解 説

●**受任案件会議とは**

受任案件会議とは，後見の受任の可否の判断や，受任後の本人の状況について，担当者からの報告の後，現状の把握や課題，将来起こりうる問題について討議する会議です。利用者の問題について関係者が話し合うケース会議・ケースカンファレンスと同様の意味です（医療・介護・福祉業界でよく使わる言葉です）。月に1回以上は開催し，会議の記録も残しましょう。

●**会議の参加者**…図表4-4参照

会議の参加者は，受任案件に関わるすべての理事・管理者・担当者が考えられます。相互にアドバイスやヒントにもつながることから，当該案件以外の担当者であっても，参加するとよいでしょう。

後見法人では，通常，理事・管理者・担当者等，法人内部の構成員だけで会議を行っているケースがほとんどです。本人目線に立った後見を目指す観点からは，本人や親族の参加も促して，直接本人や親族の声を取り入れる受任案件会議を開催することも有効と考えられます。

●**運営上の留意点**

会議を進める上で，特に担当者は，本人の思いを伝えるためにも，「私は」を主語にしたIメッセージで，会議の参加メンバーに伝えましょう。担当者からの報告に対しては，チームによる対応を心掛け，法人として対応するという考え方に立って運営することが大切です。

前述のように，本人や家族が会議に出席しない・できない場合でも，会議で決まったことについては，きちんと本人や家族に伝えていくことが大切です。

 参照QA 3-1，4-7

図表 4-4 受任案件会議の運営体制（一例）

これまでの受任案件会議

担当者・関係者・関係理事

これからの受任案件会議

担当者・管理者・関係理事　　本人　　家族

ひとくちメモ　ケース会議とは

　ケース会議とは，医療・介護・福祉業界でよく使われる言葉で，利用者の問題について関係者が話し合う会議のことを言います。

　ケア会議・ケアカンファレンスとの違いは必ずしも明確ではなく，混同して使われているようですが，ケア会議・ケアカンファレンスが，主にサービスのことを中心について話し合う会議であるのに対して，ケース会議は本人のことを中心について話し合う会議であると整理されているようです（ケアカンファレンスについては，4-7ひとくちメモを参照）。本書では，混同を避けるため，受任案件会議という言葉を用いています。

オープン・ダイアローグとは

　オープン・ダイアローグとは，フィンランドで実践されている新しい統合失調法の治療法です。精神科医や看護師，ソーシャルワーカーがチームを組んで，患者や家族等と車座となって対話を重ねていく方法です。後見業務にも取り入れてみることも考えられます。

4-5 担当者の権限

Q 担当者の権限については，どのように考えればよいですか。

A 担当者が後見業務を行う場合には，必ず法人として判断を行うことが必要です。また，法人内に相談できる人や組織を整備する必要があります。担当者への権限付与について定まったものはなく，低額な商品やサービスの購入と支払等が考えられます。担当者は，できる限り，持ち帰って回答するようにしましょう。

受任案件会議等において将来起こりうるイベントについて事前に予測し，対応策を決定しておくことや，担当者の後見業務の習熟度の向上やスキルアップで裁量の範囲を縮小することが可能と考えられます。

解説

●**法人としての意思決定**

後見業務は，人を対象とする活動であることから，後見人が下す決定に絶対的な正解はなく，事案の内容に応じて判断を行っていく必要があります。法人としての一貫した判断が求められますので，基本的に，担当者に大きな権限を与えることがないように運営すべきです。

そのため，法人内部で，担当者が相談できる機能を整備しましょう。担当者は，法人の名前で行う契約や，後見監督人・家庭裁判所への報告については，必ず管理者や理事等への承認を得ることが必要です。

●**担当者に付与する権限と裁量の考え方**…図表4-5参照

担当者にどの程度の権限を与えるかについて，定まったものはありませんが，低額な商品やサービスの購入，定型的な事務等が考えられます。担当者に対しては，その場で判断を求められた場合には，原則として，法人に持ち帰った上で，回答するように指示を行うべきでしょう。

円滑に後見業務を遂行していくためには，受任案件会議等において，事前の予測を立てて対応策を決定しておくことや，担当者と管理者や理事等との連絡体制を整備しておくことの他に，担当者の後見業務の習熟度の向上やスキルアップも有効と考えられます。

●**後見監督人や家庭裁判所への相談時の留意点**

法人として判断に迷ったときは，後見監督人や家庭裁判所に相談することになりますが，管轄する家庭裁判所・裁判官・書記官によって判断が異なることがあります。前回と同じ状況だからということで，安易に判断せず，重要なポイントは常にきちんと相談しましょう。

参照QA 1-3，2-2

図表 4-5 法人としての意思決定と担当者の権限

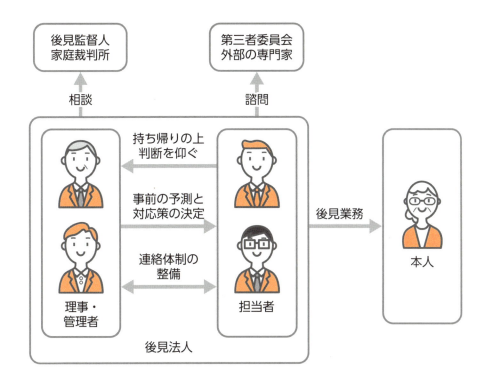

参考事例

- 理事会の下に担当者の支援をする委員会を設置することで，担当者が何でも気軽に相談でき，指示を仰ぐ体制整備をしている事例があります。
- 担当者の経験が浅いうちは，慣れるまではほとんど権限を与えず，担当者による判断をさせないようにしている事例があります。

4-6 健康管理・予防接種

Q 本人の健康管理は，どのようにすればよいですか。
健康診断の受診や予防接種を受ける必要はありますか。

A 定期的な見守りの際，顔色や表情を観察するとともに，食事や日常生活の状況については，日常的に見守りをする親族やケアマネにも確認しましょう。食事が十分に取れず，低栄養になっていないか，留意しましょう。

健康診断や予防接種は，基本的に受診・接種を勧めるべきと考えます。健康診断の受診も大切ですが，受診後のモニタリング・対応が大切です。かかりつけの医師任せにせず，セカンドオピニオンの要否も検討しましょう。

解説

●**健康管理の考え方**…図表4-6参照

第三者である後見法人が，日常的に本人の健康管理を行うことは，ほぼ困難です。定期的な見守りの際，顔色や表情を観察するとともに，食事や日常生活の状況については，日常的に見守りをする親族やケアマネにも確認しましょう。相談等が必要と考えられるときは，病院への付き添い時に，かかりつけの医師や薬剤師にも判断を仰ぎましょう。また，食事が十分に取れず，低栄養になっていないか注意しましょう。

●**健康診断・予防接種の受診**

定期的な健康診断を受けるよう手配を行いますが，検査の中には，がん検診（マンモグラフィー）のように，本人の同意が必要なものがあります。

インフルエンザの予防接種については，予防接種法では必須になっていますが，厚生労働省のガイドラインによれば，本人の同意を要することになっており，後見の現場では混乱が見られるところです。本人の身体的な状況にもよりますが，基本的には，健康診断や予防接種は，受診・接種を勧めるべきと考えます。

健康診断の受診も大切ですが，受診後のモニタリング・対応が大切です。かかりつけの医師任せにせず，セカンドオピニオンの要否も検討しましょう。

> **後見お役立ち情報**
>
> **指輪っか（ゆびわっか）テスト**
>
> 自分の筋肉量が落ちていないか，自宅で簡単にできる「指輪っかテスト」があります。椅子に座ってふくらはぎの一番太い部分を両手の人差し指と親指で輪っかを作って囲みます。指がつかなかったらOKです。あくまでも目安に過ぎませんので，日頃から健康寿命を意識しましょう。

 参照QA 4-1／4-8

図表 4-6 健康寿命延伸に向けたフレイルの重要性

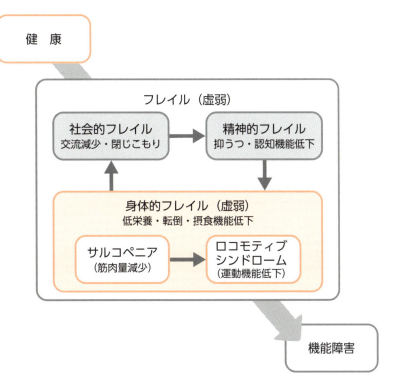

 **病気の告知について**

　がんや難病のようなケースで、本人に病名を伝えるべきかどうかは、本人の治療判断に関わる重要な問題です。医師は、本人に言っても無駄だと思い込んで、本人に伝えないケースがありますが、障害者差別解消法の趣旨を考えるならば、あくまでも本人の意思を尊重することが必要でしょう。本人が元気なうちから、少しずつ希望を聞いて記録していくことが大切です。

高齢者のための総合診療医について

　複数の疾患の医学的管理を必要としている高齢者等に対応するため、2018年度から、総合診療医制度がスタートする予定です。但し、現状では、医師は全国で1000人もいないと言われていますので、普及には時間がかかると言われています。

　高齢者が受診するのは、内科、循環器内科、整形外科、皮膚科、眼科等、多岐にわたります。各科ごとに血液検査をしているようなことがあり、医療費の削減効果も期待されています。

医療関係者・介護事業者との関わり方

Q 医療関係者や介護事業者との関わり方は，どのようにすればよいですか。

A 後見人は本人のメッセンジャーであるという考えに立って，医療関係者や介護関係者と接することが重要です。医療介護の連携にもつながることから，必要に応じて，ケアマネにケア会議等の開催を要請しましょう。

かかりつけ医，身近で何でも相談に乗ってくれる総合診療医（プライマリ・ケア）や，かかりつけ薬局，特定の薬剤師と連携を図ることが望まれます。

介護保険においては，サービス事業者やケアマネ等に対して，介護サービスの苦情や相談を申し立てる制度があります。

解説

●**医院・医師／薬局・薬剤師との関わり方**…図表4-7参照

後見人は本人のメッセンジャーであるという考えに立って，医療関係者や介護関係者と接することが重要です。医療介護の連携にもつながることから，必要に応じて，ケアマネにケア会議等の開催を要請しましょう。

様々な症状ごとに医院を探すより，まずは，かかりつけ医，身近で何でも相談に乗ってくれる総合診療医（プライマリ・ケア）を探すのがよいでしょう。

服用のミスの防止や，重複投与による無駄な出費の抑制（いわゆる残薬の解消）を目的に，お薬手帳の活用が推進されていますが，身上保護の観点でも，複数の医院の処方箋を一元化した服薬管理が望まれます。自宅の近くのかかりつけ薬局を定め，特定の薬剤師と連携を図ることが望まれます。

●**苦情相談**

介護施設では，事故が起きることがあります。介護保険においては，自治体ごとに，介護サービスの苦情や相談を申し立てる制度があります。まずは，サービス事業者に相談をしますが，改善が見られないときは，ケアマネ，地域包括支援センターに相談します。市町村の介護保険窓口を通じて国保連に相談することもできます。

●**病院への付添いについて**

後見法人の方針にもよりますが，身上保護を手配と捉えると，通院にはヘルパーを雇うことが後見人の職務となります。市民目線での身上保護を推進する視点で考えると，通院時の付き添いは重要な職務となります。医師と面談する場合には，本人の日常の状態をよく把握しておく必要があります。

参照QA 4-4

図表 4-7　サービス担当者会議（ケアカンファレンス）によるチーム対応

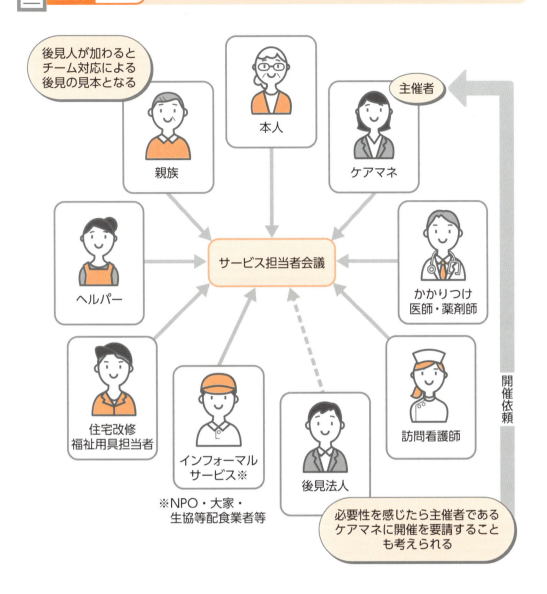

ひとくちメモ　サービス担当者会議（ケアカンファレンス）とは

　サービス担当者会議とは，居宅サービス計画書の原案をもとに，介護保険利用者の介護に関わるサービス関係者間の連絡調整会議です。会議の目的は，利用者と家族の意向を関係者全員で認識し，支援のチームを作ることです。

　会議の結果を踏まえて，正式な居宅サービス計画書が完成します。新規に居宅サービス計画を作成する場合や，要介護度変更更新時を目安に，2006年度から実施が義務付けられました。

4-8 入院・事故等発生時の対応

Q 本人が急病等で入院する場合の対応は、どのようにすればよいですか。交通事故や危篤状態等、緊急時の対応は、どのようにすればよいですか。

A 病院等から連絡があった場合、保険証や診察券等の必要な書類をもって担当者が向かいます。交通事故や容体急変等の緊急時の対応に備えて、法人内部の緊急連絡網を整備しておきましょう。

急病等で入院することを想定して、救急情報セット等を活用し、日頃から、既往歴・現病歴・アレルギーの有無・服薬情報・かかりつけ医等を記録し、情報をアップデートしておくことが大切です。

解 説

●初期動作

病院等から連絡があった場合、保険証や診察券等の必要な書類をもって担当者が向かいます。担当医師や看護師から、病状等を聞き、管理者に報告・連絡を行います。入院するときの支払いは、通常、入院手続き時、毎月の精算日、退院時の3回で、一日あたりの自己負担額は平均2万円強です。また、多くの病院で、5万円〜10万円の保証金が必要となります。急な支払いに備えて、手元現金等の状態も確認しておくとよいでしょう。

●緊急時の法人内外の連携網

交通事故や容体急変等の緊急時の対応に備えて、法人内部の緊急連絡網を整備しておきましょう。危篤時には、親族への連絡や、家庭裁判所にも連絡を行います。後見開始前の緊急時対応では、自治体や社会福祉協議会との連携も重要です。

●事前の準備…図表4-8参照

急病等で入院することを想定して、救急情報セット等を活用し、日頃から、既往歴・現病歴・アレルギーの有無・服薬情報・かかりつけ医等を記録し、情報をアップデートしておくことが大切です。また、病歴等から、将来予想されることへの対応策も検討します。例えば、途中で電池の交換が必要となるペースメーカーが入っているかどうかを確認しておくこと等があります。

後見お役立ち情報

差額ベッド代

健康保険の適用外として患者に請求される病室の費用(差額室料、いわゆる差額ベッド代)については、書面による本人の同意の確認を行っていない場合、治療上の必要により入室する場合、病院側の都合による場合には、差額ベッド代の支払いは必要ありません。費用の支払時によく確認しましょう。

参照QA 4-6

図表 4-8 緊急情報シート（さいたま市）

様式第1号　　　　　　　　　緊急情報シート　　記入例

取扱い注意　　　　　　　　　　　　　　記入日　平成 27 年 ○ 月○日

住所	さいたま市 浦和区 常盤 ○○-○-○		
ふりがな	さいたま たろう	電話	048-○○○-○○○○
氏名	さいたま 太郎	FAX	048-○○○-○○○○
性別	男・女	生年月日	明・大・昭・平 ○○年○○月○○日

緊急連絡先

①
住所	さいたま市中央区上落合○-○-○				
ふりがな	さいたま さちこ	電話番号	(048) ○○○-○○○○	本人との関係	子
氏名	さいたま 幸子				

②
住所	○○市○○町○-○-○				
ふりがな	さいたま じろう	電話番号	(○○○) ○○○-○○○○	本人との関係	弟
氏名	さいたま 次郎				

	いつも通っている病院・診療所 ①	いつも通っている病院・診療所 ②
病院名	○○ 病院	○○ 整形外科医院
病名	糖尿病、めまい	腰痛
担当医師	○○ 医師	○○ 医師
いつも飲んでいる薬名	アマリール、○○○	ボルタレン
電話番号	(048) 833 - ○○○○	(048) 833 - ○○○○

血液型	A	アレルギー	ある(小麦、花粉)・ない
手話通訳者の希望	はい・いいえ	要約筆記者の希望	はい・いいえ

支援事業者	担当者	電話番号
○○ センター	○○○○	(048) ○○○-○○○○

その他、救急隊に伝えたい事項
【例】・腰痛で一人で起き上がれない。・右腕が動かない。・口の形を読み取りますので、マスクを外してください。
・文章が苦手です。簡単な文、または身振りで対応してください。・①の病気で入院（○/○～○/○　△△病院）
・平常時の血圧は140/98。左側にマヒがあります。
・1998年 心臓手術　○○病院入院　・2005年 交通事故 骨折　△△病院入院

※裏面に記入についての説明があります　　　さいたま市

さいたま市ホームページ「緊急時安心キットについて　緊急情報シート記入例」より
http://www.city.saitama.jp/001/011/014/002/002/p014038.html

第4章　後見受任中の事務（身上保護）

介護・福祉サービスの契約の確認

Q 介護や福祉サービスの契約の確認は，どのようにすればよいですか。

A 　介護や福祉サービスの利用主体は，本人です。本人が希望する暮らし方と，介護や福祉サービス内容がマッチしているかについて検証しましょう。
　支払負担が大きくなりやすい介護サービスにおいては，給付に無駄が生じていないか，債務はきちんと履行されているか，架空請求等が行われていないかをきちんとチェックしましょう。介護サービスの利用にあたって必要となるケアプランは，ケアマネに依頼せずに，利用者本人が作成することもできます（セルフケアプラン）。

 解　説

●本人の希望と福祉サービス

　介護や福祉サービスの利用主体は，本人です。本人が希望する暮らし方と，介護や福祉サービス内容がマッチしているかについて検証しましょう。
　また，受けられる制度やサービスは自治体によって異なります。本人が暮らす地域の様々な福祉サービスの内容を把握理解し，利用できるサービスの申請漏れが生じないようにしましょう。

●契約の履行の確認…図表4-9参照

　支払負担が大きくなりやすい介護サービスにおいては，給付に無駄が生じていないか，債務はきちんと履行されているか，架空請求等が行われていないかをきちんとチェックしましょう。介護サービスの内容によって料金が増加する「加算」が，施設側において正しく行われているかについても目を配ります。用具等も，購入せずにレンタルにすれば費用が安くなります。
　介護サービスの利用にあたって必要となるケアプランは，ケアマネに依頼せずに，利用者本人が作成することもできます（セルフケアプラン）。介護保険は，月単位でサービス変更が可能ですので，後見支援プランの一環で，本人と一緒に検討してみましょう。

●日常生活自立支援事業と成年後見

　日常生活自立支援事業は，成年後見利用前の福祉サービスです。地域によっては，後見人が本人の代理で日常生活自立支援事業のサービスを利用しているケースが見られます。

☞ 参照QA　3-7，4-10

図表 4-9　ケアプランの作成方法

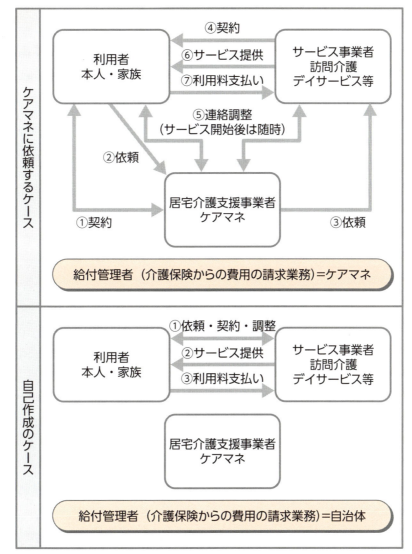

島村八重子「はじめて介護保険を使うときに読む本」より作成

ひとくちメモ　セルフケアプランとは

介護保険を利用する場合，居宅サービス計画の作成をケアマネに依頼せず，本人が自ら作成する場合のことを「セルフケアプラン」等と呼びます。セルフケアプランを事前に市町村に届け出て受理された場合は，現物給付方式でサービスを利用することができます（介護保険法41条6項　同法施行規則64条1号ニ）。本人が主体的に介護サービスを利用することをサポートすることは，意思決定支援の観点から重要な活動と言えるでしょう。

4-10 医療同意・事前意思の確認

Q 医師から医療同意を求められた時の対応は，どう考えればよいですか。本人の事前意思の確認は，どのようにすればよいですか。

A 医療同意については，後見人には医療同意の権限はないとされてきましたが，医療の現場では，多くの後見人が同意を求められ，実際に医療同意を行っている後見人は少なくありません。後見人は，できる限り，本人の事前意思を確認し，医療関係者に伝えることが職務の本旨であると考えられます。

かかりつけ医等の医療関係者には，本人の意思を示す書面があるのであれば，見せておくことが重要です。本人が元気な間から，生活・医療・介護に関する希望や事前意思を記録することを勧めましょう。

解 説

●**医療同意に対する後見人の権限**

いわゆる医療同意については，制度創設段階から，後見人には医療同意の権限はないとされてきました。しかし，医療の現場では，多くの後見人が同意を求められ，実際に医療同意を行っている後見人は少なくありません。

これまで本人の意思を確認・推定できない場合，家族が医療同意を行ってきましたが，医療同意は本人にしかできないという前提で考えるべきでしょう。後見人は，できる限り，本人の事前意思を確認し，医療関係者に伝えることが職務の本旨であると考えられます。

●**尊厳死宣言（リビング・ウィル）と事前意思の確認方法**

判断能力・同意能力が低下する前に，終末期の医療・ケアに対する事前の意思を表示する手段として，尊厳死宣言（リビング・ウィル）があります。代表的なものに，一般社団法人日本尊厳死協会や，日本公証人連合会のものがありますが，医学的観点では，やや不明瞭な部分も見られます。日本では，法的にリビング・ウィルは認められていませんが，かかりつけ医等の医療関係者には，本人の意思を示す書面があるのであれば，見せておくことが重要です。

他にも，事前意思の確認方法には，臓器提供に関するドナーカードや，日記，自分史，エンディングノート等も考えられます。

●**事前の意思決定**…図表4-10参照

本人が元気な間から，生活・医療・介護に関する希望や事前意思を記録することを勧めましょう。市販のエンディングノート以外に，意思決定プロセスの進め方として参考になるものとして，「心積りノート」があります。周囲の関係者も関わることによって，よりよい事前の意思表示ができると考えられます。

参照QA 3-7，4-9

図表 4-10 心積りノート（意思決定のプロセス）

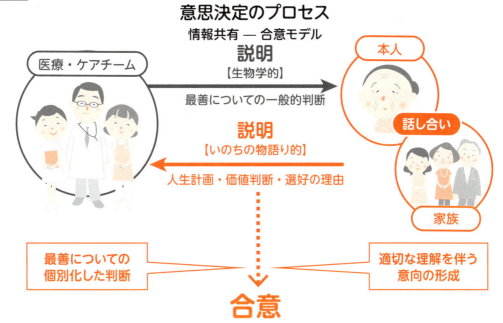

東京大学大学院人文社会系研究科死生学・応用倫理センター上廣講座 臨床倫理プロジェクト プロジェクトリーダー清水哲郎「心積りノート　考え方・書き方編」より

 終末期ガイドライン

　2007年5月，厚生労働省は「終末期医療の決定プロセスに関するガイドライン」を策定し，終末期医療・ケアの方針の決定方法が公表されました（2015年3月改訂）。終末期についての正確な定義はありませんが，「治療を尽くしても延命が困難と判断される余命3カ月程度の期間」と考えられています。

　ガイドラインでは，患者の意思を確認できる場合とできない場合に分け，確認できない場合は，さらに意思を推定できる場合とできない場合に分け，原則としてインフォームドコンセントに基づく患者の意思を基本とし，医療・ケアチームで判断を行う等の決定方法が示されました。

　この他，日本医師会等からガイドラインが策定公表されていますが，これらのガイドラインは，積極的な安楽死を勧めるものではありません。

後見人の医療同意

　医師が医療行為を行うためには，患者本人の同意（医療同意）を得なければなりません。本人が医療同意を行うには，医師が説明する内容を理解し，どのような結果が生じるかを判断できる同意能力が必要となります。同意能力がない場合，医師は家族に同意を求めてきましたが，家族がいないような場合，後見人に同意を求められることがあります。

　立法段階から，後見人には医療同意の権限はないとされてきましたが，医療の現場では，多くの後見人が同意を求められ，実際に医療同意を行っている後見人は少なくありません。

　利用促進委員会での議論と並行して，厚生労働省において検討が進められているようですが，最終的な結論が出るには，もう少し時間がかかる見通しです。

図表 4-10-1　心積りノート（生活・活動）

■発達段階に沿った暮らし

①どこで誰と暮らすか
●現在の暮らし

●将来の暮らし

②支援が必要になったら
●家族の援助の可能性：〔 ある ／ 期待できない ／ ない 〕

●暮らす予定の場所の周囲の社会的資源
　〔 豊富にあるので安心 ／ あまり期待できる内容ではない ／ 分からない 〕

■今後の活動

東京大学大学院人文社会系研究科死生学・応用倫理センター上廣講座 臨床倫理プロジェクト プロジェクトリーダー清水哲郎「心積りノート　記入編」より（次頁も同様）

図表 4-10-2 心積りノート（治療・ケア）

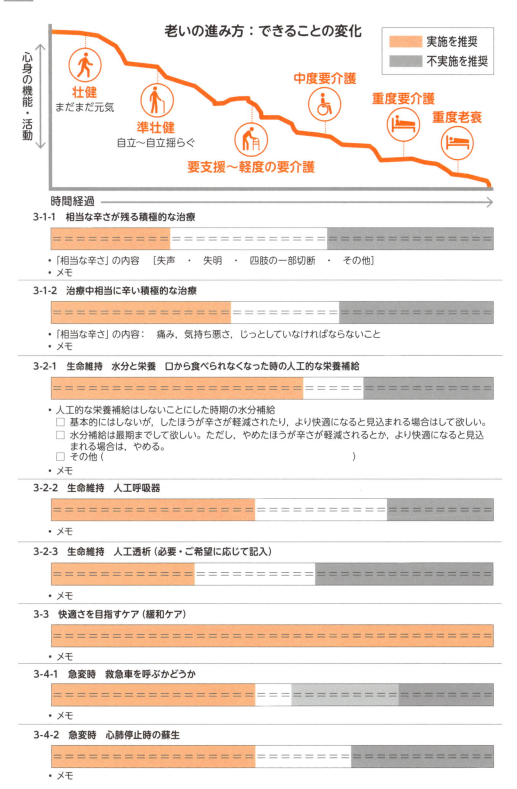

第**5**章

後見受任中の事務（財産管理）

5-1 日常の金銭管理・支払事務

Q 日常的な小口現金の取り扱いや管理体制は，どのようにすればよいですか。
施設入居時の金銭管理や日常生活上の支払事務は，どのようにすればよいですか。

A 後見人に財産管理権がある場合，日常生活で必要な小口現金を本人に管理させるかどうかは，本人の残存能力に応じて，選択肢を提示するのがよいでしょう。

法人の管理体制としては，原則として，担当者には金銭管理をさせず，事務局が，法人として一括管理すること等が有効と考えられます

支払手段は，できる限り，口座振替等のサービスを利用します。本人が介護施設に入居している場合，金融機関が介護施設事業者との提携による金融サービスを提供している事例があります。

解説

●**日常の金銭管理の考え方**

後見人に財産管理権がある場合，日常生活で必要な小口現金を本人に管理させるかどうかは，本人の残存能力に応じて，選択肢を提示するのがよいでしょう。現金を渡す頻度は，1週間分渡すのがよいと思われますが，本人が元気なら1ヶ月分渡してもかまわないでしょう。交通系カードに一定金額をチャージして，本人に渡すのも一つの方法です。同居の親族が日常の金銭管理を希望する場合，管理を任せるかどうかは，ケースバイケースで判断します。

●**法人の管理体制**…図表5-1参照

法人の管理体制としては，原則として，担当者には金銭管理をさせず，事務局が，法人として一括管理すること等が有効と考えられます。できる限り現金の移動をさせないようにすることが肝要です。

●**支払事務と介護施設入居時の金融サービス**

定期的な支払債務については，本人の希望や状況をみて，不要な契約については解約を検討します。支払手段は，できる限り，口座振替等のサービスを利用します。現金等で支払った場合は，レシートや領収書は必ず受取り保管します。

クレジットカードは，カード規約により，本人以外の利用が認められません。不要な場合は，カードの解約を検討しましょう。

本人が介護施設に入居している場合，金融機関が介護施設事業者との提携による金融サービスを提供している事例があります。介護施設事業者に対し，金融機関との提携等を促すことも有効と考えられます。

 参照QA　1-3，2-1，5-2

図表 5-1 施設入居時の現預金管理サービス例（静岡中央銀行）

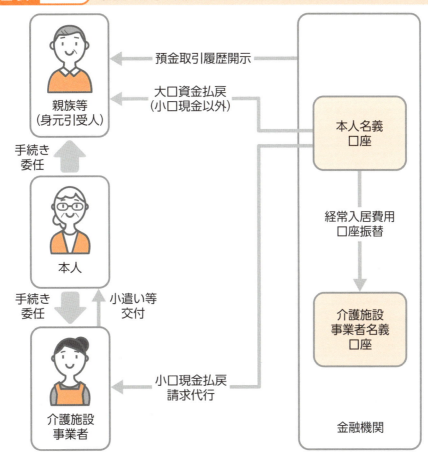

「しずちゅう介護施設サポートサービス」のポイント

■預金者本人・親族等（身元引受人）・介護施設事業者・金融機関の四者契約。
① 入居後の経常的費用の支払いは，銀行内の口座振替とする（現金の払出し不可）
② 現金払出し金額は，月間での上限額を定める（小遣い等に限定）
　払戻し手続きは，施設の職員に委託し，限度額管理は施設と金融機関で行う
③ 大口の払出しについては，予め本人が委託した親族が行う
④ 親族が預金取引の履歴の開示を希望する場合，金融機関は親族に開示する
　この点，本人は事前に同意する
⑤ 本人に相続が発生した場合，手続きは相続人と金融機関の間で行う

静岡中央銀行「しずちゅう介護施設サポートサービス　入居者の預金管理」より作成
https://www.shizuokachuo-bank.co.jp/hojin/keiei/kaigo.html

参考事例

- 担当者を身上保護に特化させて，財産管理は法人で管理し，完全に職務分掌している事例があります。
- 常に担当者2名で活動させる代わりに，身上保護と財産管理まで完結させている事例があります。
- 本人が多額の財産を保有している場合には，預貯金を後見制度支援信託に切り替えている事例があります。

5-2 金融機関との取引

Q 金融機関との取引は，どのようにすればよいですか。

A 　後見業務がスタートすると，本人の取引金融機関の取引店に出向き，後見人選任届を提出します。預金の引き出しに際して，二重払いのリスクに対して保守的な考え方や対応をする金融機関は少なくありません。特に，補助の場合や，任意後見の場合，取引主体が異なりますので，注意しましょう。
　ペイオフ対策については，家庭裁判所からも指示がありますので，リスク分散の考え方も大切です。

解説

●後見人選任届の提出

　後見業務がスタートすると，本人の取引金融機関に出向き，後見人選任届を提出します。後見人選任届は，全銀協のひな形が用いられていますが，その他必要な書類や，取引の可否等については，金融機関によって異なりますので，よく確認しましょう。

●補助と任意後見の場合…図表5-2参照

　預貯金を引き出す場合，二重払いのリスクに対して保守的な考え方や対応をする金融機関は少なくありません。補助の場合，代理権と同意権の組み合わせによって，取引主体が異なりますので，注意しましょう。

　代理権あり・同意権なしのケースでは，本人は制限行為能力者ではなく，本人は，単独で金融機関と取引を行うことができます。逆に，代理権なし・同意権ありのケースでは，本人は，補助人の同意を得て取引を行うことになります。代理権のない補助人は取引を行うことはできず，本人が取引を拒否されると，誰も取引できません。

　任意後見の場合，発効前における財産管理契約を締結している場合には，代理権の範囲によっては，補助と同様の問題が起こると考えられますので，授権内容はできる限り明確にすることが肝要です。発効後は，本人の判断能力低下の程度が明確ではないため，本人取引を拒まれることもやむを得ないと考えられます。

●取引金融機関の数

　高齢者の中には，様々な事情で，多数の金融機関口座を持っている場合もあります。本人の希望を聞いた上で，家計のメイン口座は一つに集約することを提案しましょう。但し，ペイオフ対策については，家庭裁判所からも指示がありますので，リスク分散の考え方も大切です。

☞ 参照QA 5-1

96　第5章　後見受任中の事務（財産管理）

図表 5-2 金融機関取引の考え方

				本人の取引	後見人の取引
法定後見	後見			×	○
	保佐	代理権あり		○（保佐人同意要）	○
		代理権なし		○（保佐人同意要）	×
	補助	代理権あり	同意権あり	○（補助人同意要）	○
			同意権なし	○（本人単独）	
		代理権なし	同意権あり	○（補助人同意要）	×
			同意権なし	○（本人単独）	
任意後見	契約発効前（財産管理契約締結時）			○	○ 委任契約による任意代理
	契約発効後			×	○

取引の有無
- 後見類型の場合は，本人が判断能力を欠く常況にある以上，意思能力なき契約は無効であるとして，本人取引ができないことは妥当と考えられます。
- 補助類型の場合，同意権付与がなければ，本人が単独で取引できます。
- 任意後見契約発効後は，判断能力の低下の状況が不明瞭で，意思能力の有無の判断が困難なことから，本人取引を拒否されることもやむを得ないと考えられます。

キャッシュカード・インターネットバンキング
- 本人取引が不可および後見人の同意付取引の場合は，本人のキャッシュカードの利用廃止もやむを得ないと考えられます。
- 後見人が代理権を有する場合，キャッシュカードの発行やインターネットバンキングの取引を拒否する金融機関がありますが，明確な法的根拠はないと考えられます。

ひとくちメモ　制限行為能力者とは

制限行為能力者とは，行為能力（法律行為を独立して有効に行うことができる能力）が制限された者であり，未成年者・成年被後見人・被保佐人・同意権付与の審判を受けた被補助人を指します。

制限行為能力者が成年後見人等の事前の同意を得ずに行った法律行為は，取消すことができます。逆に言えば，事前の同意があれば，本人取引も有効になります。事前の同意がなくとも，法定代理人が追認すれば有効となります。

第5章　後見受任中の事務（財産管理）　97

5-❸ 後見事務費用の管理

Q 　後見事務費用の管理や立替えの精算は，どのようにすればよいですか。

A 　後見事務費用とは，後見業務遂行に必要な費用で，交通費のほか，送料・手数料等があります。交通費については，公共交通機関を使うこととされています。

　管理方法としては，例えば，行った後見業務を記録する際，併せて後見事務費用がいくらかかったのかを明記して，後見業務とお金の動きをリンクさせておくことが有効と考えられます。

　担当者が後見事務費用を長期間立替えることは，法人の金銭管理のあり方からみて好ましいものではありません。精算手続は迅速に行いましょう。

解　説

●後見事務費用とは…図表5‒3参照

　後見事務費用とは，後見業務遂行に必要な費用のことで，交通費のほか，送料・手数料等があります。後見事務費用は，本人の財産から支出することができます（民法861条2項・876条の5第2項，876条の10第1項）。但し，支出の必要性・合理的な方法による相当の金額の範囲に限られるべきです。

　交通費については，通常，公共交通機関を使うこととされています。理由もなく，タクシーを利用するようなことは認められません。

●管理の留意点

　どの後見事務に対して発生した費用なのかが分かるようにしておくことがポイントです。後見事務の記録を行った際に，併せて後見事務費用がいくらかかったのかを明記して，事務とお金の動きをリンクさせておくとよいでしょう。

●担当者による立替払いの考え方

　担当者が後見事務費用を長期間立替えることは，法人の金銭管理のあり方からみて好ましいものではありません。金額がわかっている場合は，事前に事務局から担当者に渡すか，一両日中に精算をすることが望まれます。

　また，いちいち精算手続が面倒ということで，あらかじめ一定の現金を前渡しすることは極めて不適切と考えられます。この点，最高裁判所から通知も出ていますので，その都度手続きをすることが必要です。

98　第5章　後見受任中の事務（財産管理）

図表 5-3 主な後見事務費用と支払い上の留意点

後見事務費用に含まれるもの

	留 意 点
交 通 費	本人との面談や，関係者との打ち合わせ，行政機関や金融機関への手続きのための移動等に係る費用です。 原則として，電車・バス等の公共交通機関を利用します。
郵 送 料・通 信 費	家庭裁判所への報告書の郵送料等の費用です。 資料作成提出のためのコピー代も含まれます。
手 数 料	家庭裁判所の家事事件記録のコピー代，金融機関の振込手数料，残高証明書手数料等です。
印 紙・為 替 代	後見登記・戸籍謄本・住民票・登記事項証明書の取得に係る費用です。
士業専門職への報酬等	後見事務において，士業専門職に支払った報酬等です。税務申告に係る税理士報酬も含まれます。
後見終了後の費用	職務又は応急処分義務に従って行った後見業務にかかる費用です。

後見事務費用に含まれないもの

	留 意 点
後見人報酬・監督人報酬	後見報酬は，家庭裁判所の審判によって付与された金額のみ取得します。報酬付与申立費用は後見事務費用とは認められないと考えられます。
申 立 費 用	申立費用は，申立人の負担とされています。本人負担としたい場合は，上申書にその旨を記載します。
不要不急の高額交通費等	タクシーの利用等については，原則として認められないものと考えられます。

参考事例

- 後見事務費用については，極力当日中に精算手続を行い，担当者に立替金を発生させないようにしている事例があります。法人内に小口現金勘定を用意して，予め金額が分かっている場合は，先に現金を渡しています。

5-4 契約内容の確認と契約締結

Q 既存の契約は，どのように管理すればよいですか。
後見人として契約を締結する場合には，どのようにすればよいですか。
保険契約については，どのようにすればよいですか。

A 後見開始前に本人が締結していた契約については，本人の現状にあった契約内容になっているか検証しましょう。定期的な見直しを行い，最も経済合理性がある料金プランを選択しましょう。

一定金額以上の高額の商品やサービスの契約を締結する場合は，まず本人に希望を聞いた上で，必ず相見積もりをとり，必要性，合理性，妥当性の観点から，選択判断した上で，契約を締結します。今後の生活のリスクを検討し，必要な保険契約の要否については，よく確認しましょう。

 解　説

●既存の契約の見直し

後見開始前に本人が締結していた契約については，本人の希望を一つ一つ確認して本人の現状にあった契約内容になっているか検証しましょう。携帯電話・公共料金等，料金プランが選択できる契約については，定期的な見直しを行い，最も経済的な料金プランを選択しましょう。

●新規の契約締結について

保佐や補助の場合で，後見開始後に契約する場合，保佐人や補助人に契約締結に係る代理権限がないのであれば，家庭裁判所に代理権付与の申立てを行う必要があります。

家庭裁判所への定期報告では，代理権限・同意権限の行使の状況についての報告が求められます。事後の追認の場合も含めて，その都度記録しておきましょう。

一定金額以上の高額の商品やサービスの契約を締結する場合は，まず本人に希望を聞いた上で，必ず相見積もりをとり，必要性，合理性，妥当性の観点から，選択判断した上で，契約を締結します。きちんと法人内部の決裁手続を経て，手続きを行いましょう。

●保険契約について…図表5-4参照

本人の自宅に火災保険がかけられているか等，今後の生活のリスクを検討し，必要な保険契約の要否については，よく確認しましょう。本人が生命保険金の受取人になっている場合は，一度に多額の現金を受領することになるため，家庭裁判所からは，後見制度支援信託の利用を勧められるケースが増えています。入金後の資金管理については，後見支援プランにきちんと反映させましょう。

参照QA　3-6

図表 5-4　保険金請求

法定代理人　　　　契約者・被保険者・受取人　　　指定代理請求人

後見人　―後見業務→　本人　―同意（代理権授与）→　指定代理人

保険給付事由発生

代理請求？　　保険契約　　指定代理請求？

生命保険会社

保険契約は，契約者と生命保険会社の間で締結　生命保険会社から被保険者に保険金支払いの事実を連絡するかどうかは，保険金の種類によって決まる

ひとくちメモ　指定代理請求とは

　生命保険における指定代理請求制度とは，被保険者本人が，障害や疾病等により自ら意思表示ができない時等「特別な事情」がある場合，契約者があらかじめ指定した代理人が被保険者に代わって保険金等を請求できる制度です。代理人を指定する際は，契約者は被保険者の同意を得る必要があります。

　ほとんどのケースでは，指定代理請求人は，３親等内の親族等に限定されています。指定代理請求人がいる場合でも，代理権限を有する後見人は保険金の受取請求ができますが，手続きについては保険会社に確認を行うとよいでしょう。

---

column　民法（債権法）の改正

　2017年５月26日，120年ぶりの大改正となる民法（債権法）改正案が成立しました。大規模な改正のため，施行は，公布の日（６月２日）から起算して３年を超えない範囲内において政令で定める日とされています。

　改正案のポイントは，法定利率の見直し，消滅時効の統一，連帯保証の意思確認等がありますが，意思能力なき契約が無効である条文の明文化や，特に約款に関する規制が導入されたことは特筆すべきでしょう。一方的に消費者の利益を害すると認められた内容は無効となるため，消費者保護への期待が高まっています。

5-5 介護施設入居にあたっての準備

Q 介護施設への入居にあたって準備することはありますか。
住民票の異動は必要ですか。

A 本人が介護施設入所を希望する場合には，間取りや場所，介護機能の有無等，本人の希望条件にあった施設の候補を選択し，体験入所等により，本人の了解をえておくとよいでしょう。

施設側から，入居時の身元保証・身元引受を依頼されることがありますが，後見人が身元保証人・身元引受人なることは利益相反となることがありますので，契約条項を確認することが大切です。

解 説

●**居住地の決定**

居住地の決定は，本人に憲法上認められた重要な権利です（憲法22条）。勝手に，後見人が指定することは許されません。要介護度が進んだということで，後見人が，半ば強引に介護施設に入所させるといったケースもみられるようですが，あくまでも本人の希望と心身の状況を踏まえた総合的な判断が重要です。

住民票の異動の要否の判断は，本人の身体の状況次第です。なお，住所地特例がありますので，施設地に住所変更を行っても，従前の自治体が引き続き保険者となります。

●**事前の準備・支払能力の確認**…図表5-5参照

本人が介護施設入所を希望する場合には，間取りや場所，介護機能の有無等，本人の希望条件にあった施設の候補を選択し，体験入所等により，本人の了解をえておくとよいでしょう。施設側も入居者の支払能力には関心を持っています。しっかりした後見支援プランを立てることが必要です。

なお，入所に際して，事業者側から見返り等のキックバックをもらう等の行為は，不適切な行為と考えられます。

●**身元保証・身元引受**

身元保証・身元引受の内容をよく確認しましょう。支払債務に係る債務保証は，利益相反となりますが，施設料の支払代行や，遺体の引き取りのみ等であれば，引き受けは可能と考えられます（2-9のひとくちメモ参照）。

参照QA 2-9，5-6

図表 5-5　介護施設入所検討時の留意点

項　目	内　容
本人の意思・希望	自宅での介護を希望する高齢者がほとんどですが，家族のことを思って施設への入所を考える人も少なくありません。また，看取りの場所をどうするかは重要な問題です。本人の希望・真意を確かめましょう。
資金負担支払能力	特に有料介護老人ホームへの入所となると，数千万円〜1億円を超える入居一時金の他に，月々数十万円の入居費用がかかるケースがあります。本人の資金負担に問題がないかどうか十分検討する必要があります。
ソフトなサービス（特にサ高住）	特にサービス付き高齢者住宅の場合，義務とされているサービスには，安否確認と生活相談の2つしかありません。医療・看護・介護について，本人のニーズに合っているかどうか確認する必要があります。
看取り（特にサ高住）	特にサービス付き高齢者住宅の場合，突然退去させられることはない代わりに，重度の要介護となった場合や，特に看取りをしてもらえるかについては，十分留意しましょう。
事前の見学や体験入所	入居した後で，失敗したということがないように，事前に施設の見学を行ったり，できれば体験入所等を行うとよいでしょう。

column　医療施設・介護施設の評価

公益財団法人日本医療機能評価機構（病院機能評価）等，医療機関に対する評価を公表している団体があります。介護施設や老人ホームの評価についても，Webサイト「みんなの介護」や雑誌等でも情報が提供されています。

ひとくちメモ　住所地特例とは

住所地特例とは，被保険者が現在の住所地以外の市町村にある介護保険施設等に入所するため，当該施設等の市町村に住所を変更した場合であっても，住所を移す前の市町村が引き続き保険者となる特例措置のことです。

施設等を多く抱える自治体の財政負担が過大にならないようにするためで，国民健康保険・介護保険・後期高齢者医療制度において設けられています。

対象者は，原則65歳以上の高齢者で，対象となる施設に入所した人です。対象施設には，療養病床・老健・特養の他，養護老人ホーム・有料老人ホーム，サービス付き高齢者住宅（一部）等があります。

5-6 介護施設入居時の自宅管理

Q 介護施設入居時の自宅の管理は，どのようにすればよいですか。

A 介護施設等への入居後の自宅の管理処分については，自宅を空ける期間や，自宅に戻ってくる可能性の有無の見極めが必要です。特に自宅が賃貸の場合には，賃貸借契約を継続させるかどうか，よく検討する必要があります。
　後見法人だけでは管理が難しいと判断される場合には，不動産管理会社に委託することが望まれます。防犯対策にもなるため，時々は，担当者が訪問して，空気の入れ替えをしたりする事例が多いようです。

解説

●介護施設等への入居時の自宅の管理処分等の検討

　介護施設等への入居後の自宅の管理処分については，自宅を空ける期間や，自宅に戻ってくる可能性の有無の見極めが必要です。介護老人保健施設等の中間施設に入居している場合で，自宅に戻ってくる可能性が高いかどうかにもよりますが，判断が難しい場合は，ケアマネ等の外部のネットワークから情報収集しましょう。特に自宅が賃貸の場合には，賃貸借契約を継続させるかどうか，よく検討する必要があります。

●不動産管理会社への委託

　後見法人だけでは管理が難しいと判断される場合には，不動産管理会社に委託することが望まれます。
　この場合，後見法人がビジネスとして不動産管理を行うとすると，利益相反関係になる可能性が高いと考えられますので，十分に留意しましょう。

●空き家の管理…図表5-6参照

　防犯対策にもなるため，時々は，担当者が訪問して，空気の入れ替えをしたりする事例が多いようです。チラシ等が，ポストから溢れるようになっていないかも気を付けましょう。
　水道・電気は状況に応じて判断するとしても，防災上，ガスは契約を止めておくことが望ましいと言えます。この点，収支計画上も併せて検討しましょう。庭の植木の管理については，自治体から注意されることもありますので，特に大きな庭木がある場合は留意しましょう。

参照QA　5-5／5-7

図表 5-6 空き家不動産管理票（一例）

氏名：○○　○○		類型：
所在地：東京都○○区○○　○-○-○		
種類：戸建　マンション　その他		
構造：木造・鉄骨・鉄骨鉄筋・その他		
訪問日：○年○月○日		担当者：○○　○○
訪問時に必ず行うべき事項：空気の入れ替え		
ガス（開通・停止）		水道（開通・停止）
電気（開通・停止）		電話（開通・停止）
(1)　居住地の周辺	草が伸びているか 木の枝が隣家に茂っているか	（はい・いいえ） （はい・いいえ）
(2)　外壁	ツルが伸びているか 外壁にヒビが入っているか 外壁が崩れ落ちているか	（はい・いいえ） （はい・いいえ） （はい・いいえ）
(3)　玄関	玄関扉が破損しているか 玄関のカギ穴が破損しているか	（はい・いいえ） （はい・いいえ）
(4)　住居内	天井が落下しているか 天井から雨漏りがしているか 天井や壁が腐食しているか 壁が剥がれているか 天井や壁に穴が開いているか 天井や壁にカビが生えているか	（はい・いいえ） （はい・いいえ） （はい・いいえ） （はい・いいえ） （はい・いいえ） （はい・いいえ）
(5)　床	床が抜けているか 床が腐食しているか 床がカビているか 水で濡れているか 動物等の糞や虫の死骸があるか	（はい・いいえ） （はい・いいえ） （はい・いいえ） （はい・いいえ） （はい・いいえ）
(6)　報告事項	破損箇所等の写真を添付する　その他	

品川成年後見センター資料より作成

参考事例

● 毎月，郵便ポストの中を確認したり，年に数回，空気の入れ替えを行っている事例があります。

第5章　後見受任中の事務（財産管理）　105

5-7 自宅の処分

Q 本人の自宅を処分する場合は，どのようにすればよいですか。

A 　介護施設等への入所や生活資金の確保等により，本人の自宅を売却処分する場合には，家庭裁判所の許可を得る必要があります。

　家庭裁判所では，売却資金化の必要性や，売却金額の正当性が問われます。申立て時には，家庭裁判所の許可を停止条件とする仮契約書を持っていく必要があります。売却後の資金トレースがわかるような資料等も必要です。

　親族から，売却を拒まれたり，逆に売却を要望されたりすることがあります。特に同居の親族とは十分に協議を行って，家庭裁判所に申し立てを行いましょう。

解　説

●家庭裁判所の許可

　介護施設等への入所や生活資金の確保等のため，本人の自宅を売却処分する場合には，家庭裁判所の許可を得る必要があります（民法859条の3）。自宅は，自己所有だけでなく，賃借の場合も含まれます。複数の不動産を保有しているケースでは，自宅に該当するかどうか判断が難しい場合もあります。家庭裁判所の判断を仰ぎましょう。任意後見の場合は，代理権目録の特約事項として，監督人の許可を要する条項を設けることが考えられます。

●家庭裁判所における手続き…図表5-7参照

　家庭裁判所の容認率は約9割ですが，売却資金化の必要性や，売却金額の正当性が問われます。申立て時には，家庭裁判所の許可を停止条件とする仮契約書を持っていく必要があります。売却後の資金トレースがわかるような資料等も必要です。後見開始時の後見支援プランが有効に機能します。家庭裁判所によっては，売却資金を後見制度支援信託にするよう指示を出すケースもあります。

　不動産売却時，現況引き渡しによる場合，監督人が就いていれば，監督人の立会いを求めましょう。自宅の中に，高価なものがないかよく確認します。家財道具の処分を行うときは，きちんとした業者を選びましょう。

●親族との協議

　自宅を売却しようとする場合，特に推定相続人である親族から，売却を拒まれたり，逆に，売却を要望されたりすることがあります。家庭裁判所が承認を出した事例の中には，施設入居中の夫の生活資金に充当するため，自宅を売却することになり，同居の妻が追い出されてしまったというケースもあります。特に同居の親族とは十分に協議を行った上で，家庭裁判所に申し立てを行いましょう。

参照QA 5-6／5-9

第5章　後見受任中の事務（財産管理）

図表 5-7 自宅売却時の家庭裁判所への報告内容例（横浜家庭裁判所）

	報告内容
1	本人所有の自宅不動産（借地権を含む）の売却が必要となる理由を記載してください。
2	売却予定の自宅不動産は現在どのように使用されていますか。 （利用している人がいる場合にはその方の住所・氏名と本人との関係を記載してください）
3	売却代金はどのように使い，また管理する予定ですか。 （裁判所は，基本的に売却代金は本人の預貯金口座に振り込まれ，本人の生活費等に使われることと考えています）
4	自宅を売却した場合，本人の居住場所についてはどのように考えていますか。 （※将来，本人が病院や施設等から退院（一時的な退院を含む）等をした場合にはどのようにするのかについてお考えを記載してください）
5	自宅を売却することによりご本人に精神的な不安を生じることはありませんか。 本人が売却をすることについてご自身の希望を述べられる場合にはどのように述べておられるのかを記載してください。
6	本人の近しい親族（※本人に配偶者，子，親，きょうだい）は本人の自宅を売却することにつき賛成していますか。 （賛成している場合には，別添の「同意書」を記載してもらい，この回答書とともにご返送ください） 反対されている場合，どのような理由ですか。
7	その他本件につき参考となる事項があれば記載してください。 （売却に係る費用見込み，清算すべき債務の有無など）

横浜家庭裁判所ホームページ「横浜家裁（後見係）3．選任後の手続について　居住用不動産処分（売却）許可申立てについて」より作成
http://www.courts.go.jp/yokohama/saiban/tetuzuki/kasaikouken/index.html

第5章　後見受任中の事務（財産管理）　　107

5-8 有価証券の管理

Q 有価証券の管理は、どのようにすればよいですか。

A 本人へのヒアリングや、取引している証券会社や金融機関等の残高報告書によって、取引状況を確認します。株式、投資信託、国債等、価格変動リスクを有する資産がある場合には、どのように管理をするか、まずは本人の考えや希望を聞いて、投資意向について記録しておきましょう。

投資活動は後見人の職務ではないと考えられることから、特に本人が希望しない限り、価格変動リスクを避ける方向で検討を進めるのが妥当でしょう。

解 説

●**契約の有無・残高等の確認**…図表5-8参照

上場企業の株式については、現在すべて電子化されているため、契約の有無や残高等については、本人へのヒアリングや、取引している証券会社や金融機関等の残高報告書によって、取引状況を確認します。

●**判断の前提**…図表5-8参照

株式、投資信託、国債等、価格変動リスクを有する資産がある場合には、どのように管理をするか、まずは本人の考えや希望を聞いて、投資意向について確認しましょう。基本的には、本人の希望が明確であれば、それを尊重するべきでしょう。特に株式の場合、企業の役員や親族等で、簡単には株式を売却できないケースも考えられます。後見支援プランの作成において、継続保有しても問題ないか、売却するべきかの判断を行います。

●**家庭裁判所の考え方**

家庭裁判所における定まった見解はなく、ケースバイケースのようです。相場の様子を見ながら継続保有するという考え方もある一方で、後見人の善管注意義務履行の観点から、将来の価格変動リスクに備えて、元本保証のない契約については、早急に売却するという考え方もあります。個人向け国債であっても、満期時には終了させる家庭裁判所もあるようです。

上場株式等で配当が多額の場合には、生活収支の観点から継続保有の方がよいという判断もありえますが、投資活動は後見人の職務ではないと考えられることから、特に本人が希望しない限り、価格変動リスクを避ける方向で検討を進めるのが妥当でしょう。

図表 5-8　有価証券の価格変動リスク

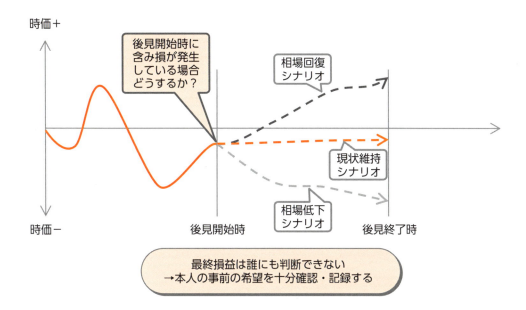

column　後見人の株主権行使

　一人株主の代表取締役が，仮に成年被後見人になってしまった場合，成年後見人は，本人が有する株主権をどのように行使すればよいのでしょうか。

　典型的な中小企業のオーナーのケースを考えてみましょう。例えば，一人株主で，代表取締役を務めるＸ社のオーナーＡ氏が，成年後見を利用（後見類型又は保佐類型）することになりますと，現行会社法では，当然に代表取締役の地位を失うことになります。直ちに後任の代表取締役の選任が必要となるため，株主総会を招集し，新たな代表取締役を選任しなければなりません。この場合，Ａ氏の成年後見人Ｂは，Ｘ社の株主の立場で，株主総会の招集手続を行うことはできるでしょうか。

　このケースの場合，Ｘ社の株主は１名ですので，Ａ氏の成年後見人Ｂは，招集手続きを経ることなく，株主総会を開催し，後任の取締役を選任することになります（会社法300条）。また，一人株主ではなく，他に株主総会を招集できる取締役がいる場合には，その取締役に対して，株主総会開催の請求を行います。取締役がこれに応じない場合には，裁判所の許可を得て，成年後見人Ｂが株主総会を招集することになります（会社法297条）。

　なお，後見人が議決権の行使まで可能かどうかについては，後見人の財産管理権は，本人の財産の管理・保存が本旨と考えれば，議決権の行使は難しいと考えるのが妥当でしょう。

　このような問題を未然に防止するためにも，家族等で事業を営む高齢オーナーには，任意後見契約の締結を勧めるのがよいでしょう。

5-9 自宅以外の不動産・重要な動産等の管理

Q 自宅以外の不動産や重要な動産等の管理は、どのようにすればよいですか。

A 後見人が財産管理権を有する場合、善管注意義務があり、不適切な管理方法のため、本人に損害を与えた場合には、後見人に損害賠償責任が生じます。

賃貸物件や、別荘等の遠隔地の不動産は、不動産業者に管理事務を委託することが妥当と考えられます。貴金属・書画骨董・絵画等の高価な動産については、安全性の観点から、金融機関の貸金庫を契約することが望まれます。盆栽やペットなど、世話が必要なものについては、専門の業者等に委託するのがよいでしょう。

解説

●**後見人の善管注意義務**…図表5-9参照

後見人が財産管理権を有する場合、善管注意義務があり、不適切な管理方法のために、盗難被害に遭い本人に損害を与えた場合には、後見人に損害賠償責任が生じます（民法644条、869条、876条の5、876条の10）。財産管理権を有しない保佐や補助の場合でも、できる限り本人にアドバイス等を行った方がよいでしょう。

●**自宅以外の不動産の管理**…図表5-9参照

賃貸物件を保有している場合は、建物そのものの維持管理や、賃借人との契約管理等が必要となります。家賃の集金・入居募集等を本人がやっているケースがありますが、不動産管理業務については、不動産業者に委託することが妥当と考えられます。別荘等、遠隔地の不動産の場合も、同様に不動産業者に管理を委託することを考えましょう。

●**重要な動産等の管理**

通帳・証書類等以外に、管理が必要な動産に、貴金属・書画骨董・絵画・盆栽等があります。貴金属等の高価な動産については、安全性の観点から、金融機関の貸金庫を契約することが望まれます。

その他、書画骨董や絵画等の、大きな動産や品質管理が必要な動産の場合は、倉庫会社等が提供している専門の保管サービスを利用するのがよいでしょう。また、盆栽やペットなど、日常的にきちんとした世話が必要なものについては、世話をしてくれる専門の業者等を探して委託するのがよいでしょう。

ただし、本人が手元に置いておきたいという意向の場合には、無理に後見人が保管してしまうのも問題だと思われます。本人や親族とよく話し合って決めることがよいと思われます。

参照QA　5-7、6-7／6-8

図表 5-9　空き家管理サービス（一例）

管理業務		主な担い手				
		土木・建設・剪定業者 工務店 造園会社等	不動産業者 賃貸住宅 管理業者等	維持管理業者 ビルメンテナンス会社警備業者等	その他業者 便利屋等	NPO法人
室内業務	通 風・換 気	○	●	○	○	○
	確 認・点 検	○	●	○	○	○
	清 掃・片 付 け	○	●	○	●	●
	不 用 品 処 分				●	○
室外業務	確 認・点 検	●	●	●	●	●
	郵便物等の確認		●		○	○
	清 掃・片 付 け	●	●	●	●	●
	剪 定	●				○
代行業務	指定の近隣訪問			○		○
	修 理 手 配	●	○	○		○
	大 家 業		●			
○事例がある業務　●事例があり，得意分野であると思われる業務						

㈱価値総合研究所「自宅（空き家）管理サービスの現況」資料より作成
http://www.mlit.go.jp/common/001020853.pdf

5-10 相続発生時の対応

Q 本人に相続が発生したときは，どのようにすればよいですか。

A 後見人にとっては，遺産分割によって本人が取得する遺産の割合が，法定相続分を確保できているかどうかが最大のポイントとなります。他の親族の受任を行っている場合には，利益相反が発生することがありますが，その場合は，家庭裁判所に特別代理人の選任申立を行います。

相続人間の折り合いが悪く，なかなか遺産分割協議が進まない場合には，法律専門職に任せることも考えましょう。場合によっては相続放棄も検討しましょう。

解 説

●相続と遺産分割…図表5-10参照

本人の親族に相続が発生すると，遺産分割を行うことになります。遺言がある場合は，遺言に従って遺産分割手続を行うことになります。相続人が，遺言の内容通りに遺産分割を受け取ることを承諾すればよいですが，一部の相続人から，特別受益や特別の寄与の主張がなされる場合や，遺留分減殺請求がなされる場合，遺産分割協議が必要となることがあります。

●後見業務における留意点

後見人にとっては，遺産分割によって本人が取得する遺産の割合が，法定相続分を確保できているかどうかが最大のポイントとなります。他の親族の受任を行っている場合には，利益相反が発生することがありますが，その場合は，家庭裁判所に特別代理人の選任申立を行います。

●遺産分割協議が進まない場合

相続人間の折り合いが悪く，なかなか遺産分割協議が進まない場合には，法律専門職に任せることも考えましょう。場合によっては相続放棄も検討しましょう。協議が長期に亘ると，実質的に相続分がなくなってしまったというケースもあります。

図表 5-10　相続発生から手続終了までの流れ

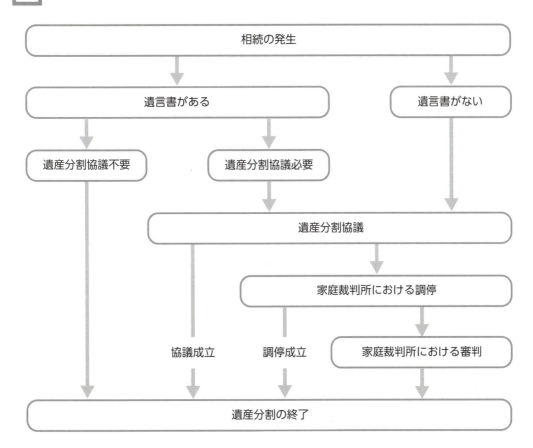

 **民法（相続法）の改正**

　超高齢社会の進展や国民意識の変化に伴い、戦後5回目（抜本的には昭和55年以来）の相続法改正が予定されています。2016年には、中間試案の公表・パブコメが発表され、2017年には要綱案の取りまとめが行われ、2018年の通常国会への上程を目指すものとされています。

　改正のポイントは、①配偶者の居住権保護、②遺産分割の見直し、③遺言制度の見直し、④遺留分制度の見直し、⑤相続人以外の者の貢献の考慮の5点です。

　特に、可分債権を遺産分割の対象に含める点については、既に2016年12月の最高裁判所大法廷決定がなされたことから、相続人全員の合意がないと、金融機関において預貯金の払出しを受けることは極めて困難になると予想されます。

　また、遺留分減殺請求は、受遺者と受贈者の間の金銭債権債務の関係となる可能性があります。

　従前よりも、公正証書遺言の役割・重要性が増すことになると言えそうです。

第5章　後見受任中の事務（財産管理）　113

5-11 消費者被害・訴訟等への対応

Q 消費者被害に遭った場合は，どのようにすればよいですか。
訴訟等の必要がある場合は，どのようにすればよいですか。

A 本人が消費者被害にあった場合，後見人は，取消権の行使によって，救済を図ることが考えられます。取消権の行使は，電話等でも可能ですが，後日の紛争防止の観点から，配達証明付きの内容証明郵便で取り消した旨の文書を郵送しておくことが考えられます。

昨今の高齢者の財産被害は，無店舗販売等によることが少なくありません。クーリングオフ等も有効に利用しましょう。過大な借財を抱えて返済が困難になっている場合には，法律専門職への委任等も検討しましょう。

解説

●**消費者被害への対応**

本人が消費者被害にあった場合，後見人は，取消権の行使によって，救済を図ることが考えられます。補助の場合，後見人の取消権は，同意権付与の審判によって得ることができます。任意後見の場合は，取消権の代理権付与の形で，取消権の行使が可能になります。

取消権の行使は，電話等でも可能ですが，後日の紛争防止の観点から，配達証明付きの内容証明郵便で取り消した旨の文書を郵送しておくことが考えられます。

●**取消権行使以外の救済方法**…図表5－11参照

取消権行使以外に，民事上，消費者被害の救済を図る仕組みとしては，民法（意思無能力による無効，錯誤無効，詐欺・強迫による取消し，公序良俗違反による無効，不法行為による損害賠償請求）や消費者契約法による取消権の行使等が考えられます。

特に，昨今の高齢者の財産被害は，無店舗販売等によることが少なくありません。財産管理権のない保佐や補助の場合は，特定商取引法や割賦販売法等に設けられたクーリングオフ等も有効に利用しましょう。

●**債務整理・訴訟等への対応**

過大な借財を抱えて返済が困難になっている場合には，債務整理の手続きで救済する方法があります。債務整理には，主に任意整理・民事再生・自己破産の3つの方法があります。このほかに，サラ金等の過払い金請求によって，払い過ぎた利息の返還を受ける方法があります。

本人がこのような事態に陥っている場合，反社会的勢力が現れる可能性もあります。法律専門職との連携も検討しましょう。

参照QA 3-3

図表 5-11　主なクーリングオフ一覧

法　令	契約例	クーリングオフ期間
特定商取引法	訪問販売（訪問，キャッチセールス，アポイントメントセールス，催眠商法等）	8日間
	電話勧誘販売	8日間
	訪問購入（押し買い）	8日間
	連鎖販売取引（マルチ商法，ネットワークビジネス等）	20日間
	特定継続的役務提供（エステサロン，外国語教室，パソコン教室，結婚相手紹介等）	8日間
	業務提供誘因販売（在宅ワーク，内職・モニター商法，代理店商法等）	20日間
割賦販売法	個別信用購入あっせん（個別クレジット）	8日間
特定商品預託法	預託取引契約（現物まがい商法）—豊田商事事件等	14日間
宅建業法	土地建物売買契約（業者が売主となる場合）	8日間
ゴルフ会員契約等適正化法	ゴルフ会員権契約	8日間
金融商品取引法	投資顧問契約（投資一任契約は対象外）	10日間
保険業法	保険契約（生命保険・損害保険）	8日間

- クーリングオフ期間は，書面の受領日からの日数（例外があるので，個別に確認が必要です。起算日については，契約毎に異なります）
- 特定商取引法に定める通信販売には，クーリングオフの適用がないので注意が必要です（返品制度の有無と返品できる場合の条件明記が義務化されています）。
- クーリングオフの行使は，事業者に対して，書面（配達証明付き内容証明郵便で送付するのが最も確実）で契約を解除する旨を通知します。
- クーリングオフは発信主義です。消印がクーリングオフ内の日付であれば大丈夫です。
- 行使を妨害された場合は，クーリングオフの期間が延長されます。

column　消費者契約法の改正

2017年6月3日，改正消費者契約法が施行されました。判断能力が低下した高齢者や認知症の保護の観点から，「過量販売」の契約の取消しに関する規定が新設されました。重要事項の不実告知があった場合の取消しや，消費者の解除権を放棄させるような条項の無効等も定められました。

5-12 納税関係

Q 申告納税が必要な税金には，どのようなものがありますか。
確定申告の要否や税理士への依頼等は，どのように考えればよいですか。

A 本人に一定以上の収入があり，本人自身で税金の申告や納税ができない場合には，申告納税も，後見人の職務となります。

住民税の申告によって，非課税証明書の発行を受けることができる場合，低所得者向けの行政のサービスを受けることができる等，様々なメリットがありますので，発行手続を行いましょう。

高額の納税等が発生するケースでは，適正な税務処理を行うためにも，税理士に依頼をすることも考えましょう。

解説

● **税務申告・納付と医療費控除**…図表5-12参照

本人に一定以上の収入があり，本人自身で税金の申告や納税ができない場合には，申告納税も，後見人の職務となります。

医療や介護における高額な自己負担の発生時には，自己負担限度額を超えた部分が払い戻される高額療養費・高額介護合算療養費の制度があります。医療機関・自治体の介護保険の窓口に申請しますが，年齢と収入によって基準額が異なります。なお，医療費控除を受ける場合，受取った金額は医療費から除外されますので，注意しましょう。

● **住民税の申告と非課税証明書**

所得税（国税）は税務署に申告しますが，住民税（地方税）は市町村役場に申告します。確定申告や年末調整等を行った場合には，税務署が市町村に申告内容を通知しますので，住民税の申告をする必要はありません。しかし，400万円以下の公的年金収入のみで，確定申告をしなくてもよい人等は，住民税の申告が必要となるケースがあります。

住民税の申告は，確定申告と同じで，3月15日です。所得割が0円であっても，住民税の申告をしておくと，非課税証明書の発行を受けることができます。非課税証明書は，収入証明書でもあることから，低所得者向けの行政のサービスを受けることができる等，様々なメリットがあります。

● **確定申告の要否・税理士への依頼の要否**

申告分離課税の場合や，確定申告が必要となる場合で，高額の納税等が発生するケースでは，適正な税務処理を行うためにも，税理士に依頼をすることも考えましょう。

図表 5-12 所得税における所得区分

項　目	内　容	金額計算	納税方法
利子所得	預貯金・公社債の利子や公社債投資信託等の分配金	収入金額	源泉分離課税
配当所得	株式・出資の配当金や証券投資信託等の分配金	収入金額－負債利子	源泉分離課税
不動産所得	地代・家賃等	収入金額－必要経費	総合課税
事業所得	事業から生じる金額	収入金額－必要経費	総合課税
給与所得	給与	収入金額－給与所得控除額	総合課税
退職所得	退職金・一時恩給	(収入金額－退職所得控除額)×1/2	総合課税
山林所得	山林の売却金	収入金額－必要所得	申告分離課税
譲渡所得	ゴルフ会員権等	(収入金額－取得費－譲渡費用－特別控除額50万円) ※所有期間5年超の場合は，上記金額×1/2	総合課税
譲渡所得	土地建物等	(収入金額－取得費－譲渡費用－特別控除額50万円) ※所有期間5年超の場合は，上記金額×1/2	申告分離課税
譲渡所得	株式等	収入金額－取得費－譲渡費用	申告分離課税
一時所得	生命保険金の満期一時金・立退料等	(収入金額－支出した費用－特別控除額50万円)×1/2	総合課税
雑所得	公的年金・原稿料等 他の所得に当てはまらない所得	収入金額－必要経費又は公的年金等控除額	総合課税

第**6**章

後見受任中の事務（その他）

6-① 障害者の後見業務

Q 障害者の後見業務は，どのようにすればよいですか。
障害年金や福祉の手続きは，どのようにすればよいですか。

A 障害者の後見業務では，本人や家族との信頼関係の構築，障害特性の理解，障害の特徴の把握，対人援助のスキル，コミュニケーションの方法，障害者施策及び福祉サービスの知識等の習得等が大切です。

本人が療育手帳や精神障害者保健福祉手帳を持っているかどうか確認します。各種福祉サービスの利用のため，障害等級の認定の申立等の手続きを行います。

高次脳機能障害，知的障害のほか，若年性認知症のケースでは，障害年金の申請漏れとなっているケースが多いことから，よく確認しましょう。

解説

●障害者の後見業務…図表6‐1参照

障害者の後見業務では，本人や家族との信頼関係の構築，障害特性の理解，障害の特徴の把握，対人援助のスキル，コミュニケーションの方法，障害者施策及び福祉サービスの知識等の習得等が大切です。障害者の後見を行うときは，障害者本人の理解に心がけるとともに，障害者支援に詳しい福祉関係者等に，法人の構成員等として参加してもらうとよいでしょう。

●障害者の後見業務

後見業務においては，まず本人が療育手帳や精神障害者保健福祉手帳を持っているかどうか確認します。各種福祉サービスの利用のため，障害等級の認定の申立等の手続きを行います。

福祉手当の内容は，自治体によって異なりますので，情報収集に努めましょう。NHKの受信料の割引や，公共交通機関の割引等，様々な割引を受けられるケースも少なくありません。

●障害年金の受給

知的障害や発達障害であっても，障害基礎年金を受給できます。なお，障害基礎年金の認定が地域によってバラツキがあることから，等級判定ガイドライン作成され，2016年9月以降の検査に適用されています。

高次脳機能障害，知的障害のほか，若年性認知症のケースでは，本人が貰えないものとあきらめて，障害年金の申請漏れとなっているケースが多いことから，よく確認しましょう。障害の定義は，知的障害の療育手帳の基準と社会保険の基準は異なるので注意が必要です。障害年金初診日が65歳よりも前であれば，5年前に遡及できることもあるので，よく確認しましょう。

参照QA 6‐2

図表 6-1　障害の分類と障害特性（東京都障害者差別解消法ハンドブック）

障害	障害特性	主な対応
視覚障害	生まれつき見えない場合の他，糖尿病等による受障も多い 高齢者では，緑内障・黄斑部変性症が多い	声掛けは前から近づき，自ら名乗る 白杖や身体には触らない 中途障害の人は白杖による歩行や点字の解読が困難な人も多い
聴覚障害	生まれつき聴こえない場合の他，中途での失聴もある 難聴者は，補聴器や人工内耳で補うが，聞き取りにくい場合がある	手話・表情・口形によってコミュニケーションを取る 音声言語だけで話すことは極力避け，視覚的な情報も併用
盲ろう	視覚障害と聴覚障害の重複 見え方と聞こえ方の程度・組み合わせ，発症経緯によって介助方法も異なる	盲ろう者関係機関に相談・助言を受ける 視覚障害・聴覚障害と同じ対応ができない場合は，代替的対応も配慮
肢体不自由	車いすを利用している場合，脊椎損傷・脳性まひ・脳血管障害が原因 杖などを利用している場合，過度な干渉は不要なこともある	段差をなくす等バリアフリーに配慮 過干渉を避け，本人の意向を確認 エレベーター・手すり等の設置 転びやすい床は，雨天時に留意
構音障害	本人の言葉を聞き取ることが困難 発生の運動機能障害等が原因	しっかり話を聞く 会話補助装置等を使うことも考慮
失語症	聞くこと・話すこと・読むこと・書くことが難しい症状がある	表情を見ながら，ゆっくり短い文章でわかりやすく話す はい・いいえで回答できるよう質問
高次脳機能障害	記憶障害・注意障害・遂行機能障害・社会的行動障害等の症状が出る 失語症・片麻痺・運動障害・感覚障害等を伴う場合がある	本障害に詳しいリハビリ専門医・専門職・家族会等に相談
内部障害	心臓・呼吸器・腎臓・膀胱・腸・肝臓等の機能障害により日常生活に支障があり，常に医療的対応が必要 負荷を伴う歩行等が困難	ペースメーカーは，外部の電気や磁力に影響を受ける可能性がある 人工透析の場合は，通院に配慮 携帯用酸素ボンベが必要なことも
重症心身障害等	重度の肢体不自由と重度の知的障害が重複 てんかんを有する場合が多い 自力での移動・食事・排泄等が困難	人工呼吸器等を装着し専用の車いすで移動する人は，介助に配慮が必要 体温調整等がうまくできないことも多く，温度湿度の変化に配慮
知的障害	概ね18歳頃までに発現，主な原因にダウン症候群等がある 思考・理解・計算等の知的機能に発達の遅れが生じる 金銭管理・会話等の社会生活への適応に対する援助が必要	ゆっくり，丁寧で，わかりやすい会話を心がけ，返事はじっくり待つ 写真や絵などわかりやすい情報提供や，説明が分からない時に提示するカードを用意する等，理解を容易にする環境を工夫する

障　害	障害特性	主な対応
難　病	様々な疾病により多彩な障害を生じるが，病気の状態や症状は個人差 障害が固定せず，病態や障害が進行する場合が多い 医療的対応が必要場合が多いが，要配慮事項はケースにより異なる	難病に詳しい専門機関等への相談 病気による症状特性に合わせた対応 進行する場合は状態・障害の変動に留意
発達障害	●自閉症・アスペルガー症候群等 相手の表情等よりも，物に関心が高い 見通しが立たない状況では不安が強いが，普段はきちんとしている	本人をよく知る専門家や家族にサポートとのコツを聞く 肯定的・具体的・視覚的な伝え方 スモールステップによる支援 返事はじっくり待つ
	●学習障害 話す・理解は普通にできるが，読む・書く・計算は極端に苦手	本人をよく知る専門家や家族にサポートとのコツを聞く 得意な部分を使って情報アクセス ストレスケア
	●注意欠如・多動性障害 次々と周囲に関心を持ち，エネルギッシュに様々なことに取組む	本人をよく知る専門家や家族にサポートとのコツを聞く 短くはっきりとした言い方で伝える
	●その他の発達障害 身体の動かし方の不器用さ・チック・吃音等	本人をよく知る専門家や家族にサポートとのコツを聞く 叱ったり，笑ったり，ひやかしたりしない

障　害	障害特性	主な対応
精 神 障 害	●統合失調症 発症の原因は不明 陽性症状：幻覚や妄想が特徴的 陰性症状：意欲の低下等 認知や行動の障害	脳の病気であることを理解する 主な治療は薬物療法 ストレスや環境変化に弱いが，社会との接点確保も治療となる 情報の伝達は，整理してゆっくり具体的に伝える
	●気分障害 気分の波が症状として現れる うつ又は躁うつ（双極性障害） うつ状態では，気分の強い落ち込み 躁状態では，気持ちが過剰に高揚	主な治療は薬物療法 うつのときは，しっかり休養を取る 躁のときは，金銭管理・安全管理に注意する
	●アルコール依存症 飲酒欲求をコントロールできず，過剰な飲酒や昼夜を問わず飲酒する アルコールが抜けると離脱症状	治療を要する病気であることを本人・家族・周囲が理解する 専門家への相談
	●てんかん 一時的に脳の一部が過剰に興奮し，発作が起きる 発作には，けいれん・意識喪失等，さまざまなタイプがある	専門家の指導の下に内服治療を行うことで，一般的な生活が送れる 発作が起こっていないほとんどの時間は普通の生活が可能 発作が起きたら専門機関に相談
	●認知症 様々な原因疾患により，記憶障害等の認知機能の低下・日常生活に支障 主な原因疾患には，アルツハイマー・脳血管性・レビー小体型・前頭側頭型がある 中核症状と行動・心理症状	誰もがかかる身近な障害と認識 タイプによって症状が異なるため，原因疾患をよく理解する 行動・心理症状には，本人なりの意味がある 認知症ケアの専門機関に相談

東京都福祉保健局「東京都障害者差別解消法ハンドブック　第４障害特性について」より作成
http://www.fukushihoken.metro.tokyo.jp/shougai/shougai_shisaku/sabekai.files/handbook_code.pdf

6-2 障害者の就労支援

Q 障害者の就労支援は，どのようにすればよいですか。

A 障害者であっても，就労によって働く喜びを感じる点は，健常者と同じであり，エンパワーメントや自己実現の観点から，就労支援は後見人の重要な職務です。

障害者が就職しようとする場合の支援機関には，ハローワークや，地域障害者職業センター，障害者就業・生活支援センター等があります。

障害者雇用で最も難しい問題が定着支援です。障害者が，企業等の職場で働く場合に本人と職場を支援する専門職が職場適応援助者（ジョブコーチ）を活用しましょう。

解 説

●就労支援の考え方…図表6-2参照

障害者であっても，就労によって働く喜びや，生きがいを感じる点は，健常者と同じで，エンパワーメントや自己実現の観点から，就労支援は後見人の重要な職務だと考えられます。

就労にあたっては，まず，本人希望をよく聞きましょう。勤務先や職務内容が，本人の希望ではなく，両親等周囲の希望になっていないか留意します。

なお，労働契約は，一身専属的な性格を持ちますので，後見人は，本人の同意なく，雇用契約を代理することはできません。

●障害者雇用の支援機関

障害者が就職を希望する場合の支援機関には，以下のような機関があります。

- ハローワーク：職業相談や職業紹介を行っています。
- 地域障害者職業センター：職業カウンセリングや職業評価を行います。
- 障害者就業・生活支援センター：就労に関する様々な相談支援を行います（全国332か所　平成29年4月3日現在）。

●ジョブコーチ

障害者雇用で最も難しい問題が定着支援です。障害者が，企業等の職場で働く場合に本人と職場を支援する専門職が職場適応援助者（ジョブコーチ）です。2002年に制度化され，地域障害者職業センター，社会福祉法人等，障害者を雇用する企業に配置されています。ジョブコーチは，本人が職場に慣れるまで付添いをしてくれたり，家族への支援，事業者や上司同僚等への指導助言を行います。

☞参照QA 3-7，6-1

第6章　後見受任中の事務（その他）

図表 6-2　障害者総合支援法における就労系福祉サービス

	就労継続支援A型事業	就労継続支援B型事業
目的	通常の事業所に雇用されることが困難であり，雇用契約に基づく就労が可能である者に対し，就労の機会を提供するとともに，生産活動その他の活動の機会の提供を通じて，その知識及び能力の向上のために必要な訓練等の支援を行う。	通常の事業所に雇用されることが困難であり，雇用契約に基づく就労が困難である者に対し，就労の機会を提供するとともに，生産活動その他の活動の機会の提供を通じて，その知識及び能力の向上のために必要な訓練その他の必要な支援を行う。
対象	①　就労移行支援事業を利用したが，企業等の雇用に結びつかなかった者 ②　特別支援学校を卒業して就職活動を行ったが，企業等の雇用に結びつかなかった者 ③　企業等を離職した者など就労経験のある者で，現に雇用関係の状態にない者	①　就労経験がある者であって，年齢や体力の面で一般企業に雇用されることが困難となった者 ②　就労移行支援事業を利用（暫定支給決定における利用を含む）した結果，本事業の利用が適当と判断された者 ③　①，②に該当しない者で，50歳に達している者又は障害基礎年金1級受給者 ④　①，②，③に該当しない者で，協議会等からの意見を徴すること等により，一般就労への移行等が困難と市町村が判断した者（平成27年4月末までの経過措置）
事業所	3,158事業所（H28年3月）	9,959事業所（H28年3月）
利用者	57,527人（H28年3月）	209,621人（H28年3月）

厚生労働省「障害者の就労支援施策の動向について」資料より作成
http://www.zenjukyo.or.jp/small_info/290203_sendai.pdf

ひとくちメモ　障害者の雇用義務・特例子会社とは

　障害者雇用促進法では，すべての事業主に対して，差別の禁止や合理的な配慮義務・法定雇用率（一般事業者2.0％，国・自治体等2.3％，教育委員会等2.2％）を満たす雇用の努力義務・報告義務等があります。雇用義務においては，障害者雇用率の算定において，特例子会社等による特例が認められます。

　特例子会社とは，障害者の雇用に特別な配慮をし，障害者雇用促進法の規定により，一定の要件を満たしたうえで，厚生労働大臣の認可を受けて，障害者雇用率の算定において親会社の一事業所とみなされる子会社のことです（昭和63年4月から法律上の制度）。完全子会社のケースがほとんどですが，重度障害者の場合，第三セクター形式の会社もあります。現在全国で391社あり，企業グループ算定特例が187グループになっています（平成26年5月末現在）。

　特例子会社認定にあたり，親会社・子会社ともに要件があります。子会社側には，5人以上の障害者の雇用，全従業員に占める割合が20％以上，障害者に占める重度身体障害者・知的障害者・精神障害者の割合が30％以上等，4つの要件を満たす必要があります。

6-3 生活保護の申請

Q 生活保護の申請は，どのようにすればよいですか。

A
生活保護は，資産の活用，能力の活用，他法による給付優先が求められます。生活保護の申請を行う前に，受給可能な福祉手当がないかチェックしましょう。自治体担当者も知らなかったり，本人に説明していないケースもありますので，よく確認しましょう。後見支援プランにおいて，生活保護申請の可能性が予測される場合には，できる限り丁寧に財産調査を行う必要があります。

自宅不動産については，高齢者の場合や，売却しても大きな処分価値が見込めないケース等では，自宅保存が認められるケースもあります。

解説

●生活保護の基本原理と保護の補足性…図表6-3参照

生活保護法には，国家責任，無差別平等，健康で文化的な最低生活保障，保護の補足性という4つの基本原理が定められています。

生活保護は，資産の活用，能力の活用，他法による給付優先が求められます。生活保護の申請を行う前に，受給可能な福祉手当がないかチェックしましょう。自治体担当者も知らなかったり，本人に説明していないケースもありますので，よく確認しましょう。後見支援プランにおいて，生活保護申請の可能性が予測される場合には，できる限り丁寧に財産調査を行う必要があります。

介護保険では，住民税の非課税世帯に適用される，境界層該当措置という制度があります。生活保護の申請をして却下されたときや生活保護が廃止になったときに，福祉事務所から証明書の交付を受けて申請すると，最初から利用料が安くなって，介護保険の減免等が受けられる仕組みです。

●資産の活用

資産の活用の観点では，自宅不動産については，高齢者の場合や，売却しても大きな処分価値が見込めないケース等では，自宅保存が認められるケースもあります。なお加入済みの生命保険は解約させられます。

●後見業務における留意点

本人が年金担保融資を利用していた場合，完済後は使えなくなります。社会福祉協議会による，要保護世帯向け不動産担保型生活資金の貸付制度（リバースモーゲージ制度）がありますが，生活保護の申請より優先することになっています。貸付制度が利用できる場合は，生活保護は適用できませんので，留意する必要があります。

参照QA 6-4

図表 6-3　生活保護申請手続と保護費

①事前相談	相談・申請窓口：住所地の福祉事務所 ○生活保護制度の説明 ○生活福祉資金・各種社会保障施策等の活用の検討
②保護の申請	保護の決定のための調査 ○生活状況等の把握のための実地調査（家庭訪問等） ○預貯金・保険・不動産等の資産調査 ○扶養義務者等による扶養（仕送り等）の可否の調査 ○年金等の社会保障給付・就労収入等の調査 ○就労の可能性の調査
③保護費の支給	○保護費は，毎月支給される。 　保護費＝最低生活費－収入（年金・就労収入等）下図参照 ○受給中は，収入の状況を毎月申告する。 ○世帯の実態に応じて，福祉事務所のケースワーカーが，年数回，訪問調査を実施。就労の可能性がある場合は，就労に向けた助言・指導を行う。

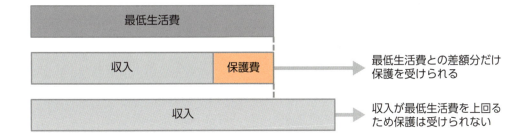

生活保護法の改正

　2014年7月1日，生活保護受給者への就労・自立支援のいっそうの強化と不正受給事案に対する厳正な対応を図るため，改正生活保護法が施行されました。生活保護脱却のインセンティブ強化のための就労自立給付金が創設され，翌年4月には，生活保護に至る前の段階での自立支援を目的とする生活困窮者自立支援制度がスタートしています。

6-4 生活保護受給者の後見業務

Q 生活保護受給者の後見業務は，どのようにすればよいですか。ケースワーカーとの対応は，どのようにすればよいですか。

A 生活保護受給者には，課税されないといった権利がある一方，一定の義務が生じます。支給停止や廃止にならないように，後見人としてもきちんと義務が履行されるように，ケースワーカーと連携し，きちんとタスク管理を行いましょう。

生活保護受給者になると，本人に必ずケースワーカーが付きます。ケースワーカーは，受給者にとって第一義的に相談をするキーマンであり，受任案件会議にも参加してもらいましょう。

解　説

●**受給後の義務**…図表6-4参照

生活保護受給者には，課税されないといった権利がある一方，一定の義務が生じます。従わないと，支給停止や廃止になるといった制裁があります。後見人としてもきちんと義務が履行されるように，ケースワーカーと連携し，きちんとタスク管理を行いましょう。

保護費受給後は，収入がある場合，毎月，収入申告をしなければなりません。また介護保険料の改定があるケースでも申告が必要となります。

●**後見業務における留意点**

医療券・調剤券は，福祉事務所に取りに行くことになりますが，病院ごと，薬局ごとに必要なので，手間がかかることに注意しましょう。

通院移送費（病院に通院するための交通費）は，病院に通院証明書を発行してもらう必要があります。医師が認めれば必ず支給されるものですが，申請期限が決まっていますので，早めに手続きする必要があります。

11月から2月・年末年始には，冬季加算として，手当てが増えます。

借家住まいで，長期入院や老健施設に入所して，一時的に空き家になるケースでは，賃料扶助は3ヶ月分程度しか出ないため，留意が必要です。

●**ケースワーカー：後見業務のキーマン**

生活保護受給者になると，本人に必ずケースワーカーが付きます。ケースワーカーは，受給者にとって第一義的に相談をするキーマンであり，受任案件会議にも参加してもらいましょう。自宅売却等の転居の場合は，家庭裁判所よりも前に相談に行くことが望まれます。

 参照QA　6-3

図表 6-4　生活保護受給者の義務

項　目	内　容
譲渡禁止	保護を受ける権利を他者に譲り渡すことができない。
生活上の義務	能力に応じて勤労に励む・節約を図る等，生活の維持向上努めなければならない。
届出義務	収入支出に変動があった場合，住所や世帯に異動があった場合に，速やかに届け出なければならない。
指示に従う義務	保護実施機関が，生活向上のために必要な指導・指示を行った場合や，保護施設等に入所を促した場合等は，これらに従わなければならない。
費用返還義務	緊急性を要する場合に，生活費に使える資力があったにもかかわらず，保護を受けたら，相当の金額を返還しなければならない。

ひとくちメモ　ケースワーカーとは

　生活保護の窓口は，全国1200カ所を超える福祉事務所です。福祉事務所には，一定数の被保護世帯に対して一定割合で現業員が配置されることが法律で定められており，全国に約18000人います。

　現業員は，地区担当員とも呼ばれますが，個々の被保護世帯の相談に応じてケースワークを行うことから，ケースワーカーと呼ばれています。

準禁治産制度とは

　準禁治産制度とは，心神耗弱又は浪費癖があり，家庭裁判所から準禁治産の宣告を受けた者の保護制度でしたが，成年後見制度の創設時に，禁治産制度と共に廃止になりました。後見登記を行うと，新たに，準禁治産の記載のない戸籍が作られます。

　経過措置により，心神耗弱者は，保佐開始の審判があったものとみなされましたが，浪費癖を原因とする準禁治産者は，原則として旧法の規定が適用されます。ただ，浪費者の中には，障害があるケースもあり，精神障害と認定されれば，成年後見制度の利用が可能です。ホームレスの人の中にも，知的障害者や精神障害者がいることがわかってきています。

6-5 外出等暮らしの楽しみの支援

Q 外出や墓参りの付添い，旅行等の支援は，どのようにすればよいですか。

A 認知症や身体機能の低下によって，本人が独力で，外出，墓参り，旅行等に出かけられない場合，本人の希望を叶えることも後見人の大切な職務です。暮らしの楽しみ・エンターテイメントに関する積極的な支援が可能となるのは，後見人が就くことの大きなメリットと言えます。

介護保険では，介護タクシー等のサービスを受けられる場合があります。旅行会社が提供するサービスに，介護車両の用意や，看護師資格を持つスタッフが，付添い・同行してくれるサービスがあります。

解説

●エンターテイメント支援の意義と後見人の同行の要否

認知症や身体機能の低下によって，本人が独力で，外出，墓参り，旅行等に出かけられない場合，心身の状況を見た上で，本人の希望を叶えることも後見人の大切な職務です。暮らしの楽しみ・エンターテイメントに関する積極的な支援が可能となるのは，後見人が就くことの大きなメリットと言えます。

後見人が，外出，墓参り，旅行等に付添い・同行することは，事実行為にあたり，一般的には後見人の職務にはあたらないと考えられます。ただし，本人が希望しており，外出等の手配や，外出時の支払手続等，後見人が同行することが望ましいと思われる場合には，同行するとよいでしょう。

●通院介助サービス

本人が病院へ通院するとき，介助が必要な場合に使えるサービスに，介護タクシーがあります。要介護1以上の在宅等の条件を満たせば，介護保険の適用があります。自治体によって細かな条件等が異なりますので，担当のケアマネに相談しましょう。

●旅行会社が提供するサービス…図表6-5参照

本人が外出や墓参り，旅行等を希望する場合，自費（介護保険の適用外）になりますが，旅行会社が提供するサービスに，介護車両の用意や，看護師資格を持つスタッフが，付添い・同行してくれるサービスがあります。墓参りや旅行は，なかなか外出できない本人にとっては，とても楽しみであり，大きな思い出になりますので，積極的に対応しましょう。

第6章　後見受任中の事務（その他）

図表 6-5 介護旅行サービス例（クラブツーリズム㈱）

クラブツーリズム㈱ホームページ「バリアフリー旅行杖・車いすで楽しむ旅」より
http://www.club-t.com/theme/barrierfree/?link_id=cCB1

参考事例

- 法人のメンバーに，トラベルサポーターが在籍していることから，個別に計画を立てて，お墓参りに同行支援を行っている事例があります。

6-6 受任案件の管理

Q 受任案件のタスク管理・期日管理は，どのようにすればよいですか。

A 本人の基本属性情報，後見業務の方針・計画，重要書類のありか・保管状況，家庭裁判所等への報告結果，面談記録等の情報は，タスク管理・期日管理を行う上で重要ですので，法人として一括管理する体制を整備します。将来起こりうるイベントは，重要なタスクとして認識し，早めの準備をしておきましょう。

本人のプロファイルとタスク管理や期日管理と一体となっていると，後見業務のミスをなくすことができるため，市販の管理ソフトウエアを導入することも考えられます。

解説

●情報の一括管理

本人の基本属性情報，後見業務の方針・計画，重要書類のありか・保管状況，家庭裁判所等への報告結果，面談記録等の情報は，タスク管理・期日管理を行う上で重要ですので，集約して一括管理する体制を整備します。

情報の一括管理は，法人としての管理を徹底することが大切です。決して個人任せにしないようにしましょう。

●タスク管理・期日管理…図表6-6参照

管理すべきタスクには，訪問面談，支払手続等の日常的なタスクから，将来ほぼ確実に到来するであろう，医療介護への備え，住まいの変更，死後事務，相続問題等のタスクがあります。将来起こりうるイベントは，いつ到来してもよいように，重要なタスクとして認識し，早めの準備をしておきましょう。

監督人がいる場合，監督人によって報告期限が異なりますので，案件ごとに期日管理が必要です。受任件数が増えてきた場合には注意しましょう。

●管理ソフトの活用

本人のプロファイルとタスク管理や期日管理と一体となっていると，後見業務のミスをなくすことができるため，市販の管理ソフトウエアを導入することも考えられます。

後見業務の記録を行う場合，手書きよりもパソコンのワープロソフトを使うケースが多いと思われますが，インターネットにつながっていないパソコンに入力する等，情報セキュリティについても配慮する必要があると思われます。

図表 6-6 受任案件のタスク管理表（一例）

項　目	記入内容
基本属性情報	本人の氏名，生年月日（年齢），住所，居所，電話番号
後見情報	審判確定日，後見類型，最終面談日 報酬付与申立時期，最新報酬付与審判決定日
日　付	相談があった日・課題が発生した日を記入
状　態	完了・未了等，課題の進捗状況を記入
タスク	財産管理（通帳保管等），健康（医療同意，延命措置等），住まい（介護施設入所等）等，分類ごとに課題を記入
本人の意向	「……したい，……したくない」等，本人の発言内容を「　」で記入
親族の意向	「……してほしい，……してほしくない」等，親族の発言内容を「　」で記入
現　状	日付・活動結果等を記入 「○年○月○日，△△様同席のもと，本人に意向確認を行った」等
方　針	後見法人としての方針を記入 「本人の意思尊重」等
支援方法	具体的な活動内容を記入 「定期訪問時に，……を確認する」等
目標時期	課題の解決目標時期を記入
特記事項	モニタリング状況を記入
担　当	担当者名・管理者名を記入

品川成年後見センター資料より作成

6-7 書類等の保管

Q 保管すべき重要書類には，どのようなものがありますか。
保管管理は，どのようにすればよいですか。

A 財産管理権の行使や，紛失・盗難防止の観点から，後見法人が本人から引渡しを受け，保管すべき重要書類には，財産関連書類等があります。

書類の保管にあたっては，火災・盗難・風水害のリスクに備える必要があります。めったに使用しない書類等は，金融機関の貸金庫等を利用しましょう。

後見業務書類の保管期間については，特段の定めはありません。永年保存するもの以外は，期限を決める等のルール化を図ります。書類の廃棄には，情報漏洩に十分注意します。

解説

●重要書類と保管上の留意点…図表6-7参照

財産管理権の行使や，紛失・盗難防止の観点から，本人から引渡し受け，後見法人が保管すべき重要書類には，財産関連書類等があります（3-8を参照）。

書類の保管にあたっては，火災・盗難・風水害のリスクに備える必要があります。法人の事務所には，耐火性の金庫があることが望まれます。本人の重要書類等を預からない介護施設が徐々に増えています。日常的に使用する可能性がある書類は，法人の事務所内で保管しますが，めったに使用しない書類等は，金融機関の貸金庫等を利用しましょう。なお，後見人の登記事項証明書等，担当者が保有する必要がない資料は，すべて法人として事務所で保管しましょう。

●本人が保管する場合…図表6-7参照

被保険者証・障害者手帳等は，普段本人が使うものですので，本人の手元にある方がベターだと考えられますが，ケースバイケースで判断しましょう。在宅の場合は，自宅内でカギのかかるところに保管するか，不安であれば耐火性の金庫を用意することが考えられます。

●後見業務書類の保管期限

後見業務の遂行により，登記事項証明書や家庭裁判所への報告書，法人内部で作成した様々な後見業務書類等が，後見終了時まで発生し保管されます。

後見業務終了後の書類の保管期間については，特段の定めはありません。審判書等の重要書類や，家庭裁判所に保管されない資料等は永年保存する（その他は1年～10年等）等のルールを決めておくとよいでしょう。廃棄時は，きちんとシュレッダーする等，情報漏洩にはくれぐれも留意しましょう。

参照QA 2-6，3-8，5-9，6-8

図表 6-7 重要書類の保管場所（一例）

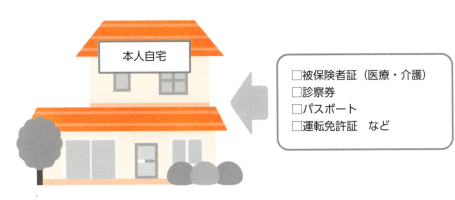

本人自宅
- □被保険者証（医療・介護）
- □診察券
- □パスポート
- □運転免許証　など

法人事務所
- □普通預金通帳
- □キャッシュカード
- □自宅・自動車等のカギ
- □有価証券等残高報告書
- □不動産賃貸契約書等の契約書
- □住民基本台帳カード
- □通知カード　など

金融機関（貸金庫）
- □定期預金通帳・証書
- □不動産権利証
- □実印・銀行印
- □火災保険等損害保険証券
- □生命保険証券
- □年金手帳・年金証書　など

6-8 貸金庫の利用

Q 貸金庫を利用する必要がありますか。利用する場合の管理は，どのようにすればよいですか。

A 後見人が財産管理権を有する場合，善管注意義務があり，不適切な管理のため，本人に損害を与えた場合には，後見人に損害賠償責任が生じます。貴金属等の高価な動産については，金融機関の貸金庫を契約することが望まれます。

貸金庫を利用する場合には，開扉できる者を限定する等，利用に関する内部規定・ルールを決めておくことが肝要です。監督人に抜き打ち的な監査を依頼することも考えられます。一つの金庫に複数の本人の書類を入れる場合には，適切な分別管理を行う必要があります。

解 説

●後見人の財産管理義務と規程の整備…図表6-8参照

後見人が財産管理権を有する場合，善管注意義務があり，不適切な管理のため，盗難被害に遭い，本人に損害を与えた場合には，後見人に損害賠償責任が生じます。貴金属等の高価な動産については，安全性の観点から，金融機関の貸金庫を契約することが望まれます。

法人の運営状況の透明化のためにも，財産管理規程のような運営管理規定は，後見法人のホームページ等で開示することも有効ではないかと考えられます。

●貸金庫の管理ルール

貸金庫を利用する場合には，利用にあたっての内部規定やルールを決めておくことが肝要です。一例として，以下のようなものが考えられます。

- 開扉の権限者を2～3名程度に限定する
- 複数人で立ち会う
- 開扉記録を付ける
- 監督人に定期的・抜き打ち的な検査を依頼する
- 複数の利用者の保管書類がある場合には，分別管理を徹底する

●後見人名義での貸金庫契約

後見人の名義で貸金庫契約を行った場合に，他人である本人の預かり書類を保管することになりますが，適切な後見業務の遂行の観点から，特段の問題はないと考えられます。但し，一つの金庫に複数の本人の書類を入れる場合には，適切な分別管理を行う必要があります。

参照QA 3-8，5-9，6-7

136 第6章 後見受任中の事務（その他）

図表 6-8 貸金庫サービス（一般的な金融機関のケース）

	内　容
利　用　者	個人・法人のお客様 ※原則として，利用店舗の普通預金口座を保有していること
預け入れできるもの	〈重要書類〉 　預金通帳・預金証書・印鑑類 　契約証書・権利証・有価証券・保険証券・遺言書　等 〈貴重品類〉 　金・骨董品・宝飾品　等 〈思い出の品〉 　アルバム・手紙・過去の日記　等 ※危険物や変質のおそれのある物品は格納できません
利　用　時　間	店舗により異なります。
貸金庫の種類	全自動型・半自動型・手動型 ※店舗により，種類が異なります。
利用手数料	種類・大きさによって異なります。 （数千円〜数万円）

6-9 後見業務の記録と記載方法

Q 後見業務において記録すべき内容には，何がありますか。
後見業務の記録に関する記載は，どのようにすればよいですか。

A 後見業務の記録は，本人目線に立った身上保護の実現だけでなく，法人としての対応が可能になるだけでなく，担当者個人の身を守ることにもつながります。

記録すべき内容には，本人との面談・観察結果の他，代理権や同意権の行使，受任案件会議の結果，関係者・事業者との交渉等が考えられます。お金の動きと後見業務の記録をリンクさせておくと，後見事務費用の裏付けになります。

記録は，５Ｗ１Ｈに従って，要点を絞って簡潔に書きます。今後の後見支援プランの修正に活かすという観点での記録が大切です。

解 説

●記録の意義

後見業務の記録を残すことは，本人目線に立った身上保護を実現するとともに，法人として適切な後見業務を行う第一歩です。法人内部で常時，情報共有を図ることによって，法人としての対応が可能になるだけでなく，担当者個人の身を守ることにもつながります。監督人や家庭裁判所への報告時には，後見法人としての信頼性向上や，身上保護の活動評価につながります。

●記録内容と留意点

記録すべき内容には，本人との面談・観察結果の他，代理権や同意権の行使・受任案件会議の結果・関係者・事業者との交渉等が考えられます。相対での面談だけでなく，電話やメール等のやりとりも記録しましょう。お金の動きと後見業務の記録をリンクさせておくと，後見事務費用の裏付けになります。原則として当日中に面談記録等を入力し，管理者に提出します。

●記載のあり方…図表6-9参照

記録は，５Ｗ１Ｈに従って，要点を絞って簡潔に書きます。今後の後見支援プランの修正に活かすという観点での記録が大切です。

記載方法の参考となる方法に，看護や介護の現場で活用されているSOAP方式があります。事実がしっかり記載されていると，受任案件会議において，現状の評価や今後の計画立案（アセスメント）を立てやすくなります。

●記録の共有・開示について

本人主体の後見業務の目線に立てば，本人（場合によっては親族も）と後見業務の記録内容を共有するという考え方もあるでしょう。求められれば，開示に応じるという前提で記録を行っていくことも考えましょう。

参照QA 4-1

第6章 後見受任中の事務（その他）

図表 6-9　SOAP方式による記録の参考事例

前提となる状況

　私が、Tさんのお宅に訪問した時、Tさんのお孫さんBちゃんが来訪しました。私は、Tさんに「おばあちゃん、この前、友達がミッキーのキャンディを食べてたんだよぉ」と話しかけました。

　するとTさんは、「Bちゃん（お孫さん）もほしいだろう？」と、ベッドの近くにある財布からお金を出し、お孫さんに渡しました。

　お孫さんは近所の店（コンビニ）に行き、ミッキーマウスの絵がついていたキャンディを手に入れて戻りました。

　Tさんは笑いながら「おいしいかい？」とお孫さんに聞いていました。

項　目	SOAP記録（前提となる状況のケース）
S：Subjective ・主観的情報：事実を書く ・本人との面談から得られた本人の発言・情報 ・本人の発言はできる限り「　」付きで記録	孫がTさん宅に来た。 孫はTさんとの話の中で、友達が食べていたミッキーのキャンディについて話した。 それを聞いたTさん、孫もほしいのだろうと判断し、鏡台にある財布から500円を孫に与えた。 商品を購入して、おいしそうに食べている孫に、Tさんが「美味しいかい？」と微笑んで訊ねていた。
O：Objective ・客観的情報：事実を書く ・本人との面談から得られた観察情報	孫が来宅。友達とのかかわりや出来事について、Tさんに話した。 Tさんは、話に出たてきたキャンディの購入し孫に与えるべく、鏡台の財布から孫に500円を与える。 孫はミッキーの絵のついたキャンディを入れたコンビニの袋を手に、再び来宅。Tさんに見せてから食した。
A：Assessment ・評価：意見を書く ・主観的情報と客観的情報から考えられること	Tさんは、通常の金銭感覚を持っていると考えられる。 鏡台から財布を取り出し、商品購入に適正な金額を孫に与えることができた。
P：Plan ・計画：今後の方針・内容	週末には、Tさんの娘が孫を定期的に連れてこられるため、現サービスの時間についての調整が必要と思われる。

介護・福祉の応援サイト　けあサポ：ホームページ「SOAP形式の記録のコツは？」より作成
http://www.caresapo.jp/fukushi/qa/etc/83dn3a000000f0el.html

6-⑩ 監督人や家庭裁判所への報告・連絡・相談

Q 　監督人や家庭裁判所への報告・連絡・相談は，どのようにすればよいですか。

A 　家庭裁判所の定期報告では，財産管理の観点から，収支状況の報告を行いますが，身上保護における状況報告が大切です。監督人が就いている場合には，監督人の指示に従います。

　東京家庭裁判所の定期報告では，預貯金通帳のコピーだけでなく，金融機関の残高証明書の添付・提出が義務付けられました。

　家庭裁判所に相談等を行う際は，電話ではなく，書面でのやりとりになります。担当者は，必ず管理者のチェック・承認等を得てから相談を行いましょう。

解　説

● **定期報告**…図表6-10参照

　家庭裁判所の定期報告では，財産管理の観点から，収支状況の報告を行いますが，身上保護における状況報告が大切です。最近は，家庭裁判所によっては，定期報告の提出期限を示した書類の郵送等が廃止され，自主報告に切り替わりました。家庭裁判所から求められなくても，自主的・積極的に報告を行うようにします。監督人が就いている場合には，監督人の指示に従います。

● **厳格化される財産管理報告**

　定期報告の際，東京家庭裁判所では，財産目録の作成は不要になり，収支計算のみの報告となりました。但し，残高のエビデンスに際し，預貯金通帳のコピーだけでなく，金融機関の残高証明書の添付・提出が義務付けられました。

● **報告・連絡・相談の方法**

　家庭裁判所に相談等を行う際は，電話ではなく，書面でのやりとりになります。家庭裁判所ごとに用意されたフォーマットを利用します。担当者は，必ず管理者のチェック・承認等を得てから相談を行いましょう。

後見お役立ち情報

後見ポータルサイト

　2016年8月から，裁判所のHPの中に，後見ポータルサイトが登場しました（裁判所トップページの左のバナー）。成年後見制度についての説明や統計情報，手続案内や各種書式を一覧で参照することができます。東京家庭裁判所では，後見サイトにおいて，年3回，後見センターレポートという情報提供がなされています。

　成年後見制度に関するQ&Aは，家事事件Q&Aのno.11に掲載されています。

　成年後見に関する問題：http://www.courts.go.jp/saiban/qa_kazi/index.html

---

140　第6章　後見受任中の事務（その他）

図表 6-10　監督人・家庭裁判所への提出書類

	書　類
提出義務がある書類	●収支報告 財産状況の提出は不要となりましたが，収支報告は作成する必要があります。 ●通帳のコピー 前回の報告から今回の報告までの１年間の入出金がすべて記載されている預貯金通帳のコピーを取ります（金融機関名や口座番号がわかる表紙等を含みます）。 定期預金の場合は，入出金等の有無が判断できないため，残高証明書の発行を受けます。 ●残高証明書 金融機関において，報告期間の末日時点における残高証明書の発行を受けます。ゆうちょ銀行の場合は，元利金額等明細書（内訳書）の発行を受けます。但し，少額の場合や，定期預金の更新が明らかな場合等　提出が不要となるケースもあります。
提出義務はないが，提出が望まれる書類	●活動記録（特に身上保護の記録） 活動状況の記録の提出義務はありませんが，身上保護をきちんと行っているかどうかについて家庭裁判所に報告する機会は他にありません。後見業務の内容がわかるように整理・提出することで，後見法人のアピールになります。 ●財産状況 財産状況の提出は不要とされましたが，作成不要ということではありません。適切な後見業務を遂行していることを示すためにも提出することを考えましょう。

家庭裁判所への定期報告・残高証明書の提出

　2017年１月，東京家庭裁判所が発信している「後見センターレポートno.13」において，定期預金等については，金融機関の残高証明書発行を受けた上で，通帳のコピーとともに提出することが公表されました。初回報告の時から求められますので，留意が必要です。これは，一部の不届きな後見人が，通帳に記載の金額の改ざんを行ってコピーを提出したことが発見されたためであり，後見人として，よりいっそう適切な事務の遂行にあたる必要があります。

　なお，東京家庭裁判所を始め，いくつかの家庭裁判所では，定期報告のための案内及び報告資料のひな形は郵送しないとする運用となり，自主報告の形式になりました。報告期限等については，自主的に管理することが求められます。

6-11 報酬付与の申立て

Q 報酬付与の申立ては，どのようにすればよいですか。
付加報酬を求めることはできますか。

A 後見法人は，親族や専門職と同じ権限と責任で後見人の職務をまっとうしています。堂々と報酬付与の申立てを行いましょう。自治体の成年後見制度利用支援事業の活用も検討しましょう。後見報酬金額の根拠は，事務報告に記載の活動内容が前提となります。手厚い身上保護活動が，後見法人の特徴でもありますので，最大限アピールすべきでしょう。

本人のために特に行った行為について，本人が利益を得たような場合には，（対象業務は限られますが）付加報酬の申立てを行うことができます。

解　説

●報酬付与申立の考え方と成年後見制度利用支援事業

（市民後見人でもある）後見法人は，親族や専門職と同じ権限と責任で後見人の職務をまっとうしています。報酬付与の申立てを行うことは，正当な対価であると考えられます（民法862条）。

資産が乏しい高齢者や障害者の受任の場合には，自治体の成年後見制度利用支援事業を活用することもできます（申立費用だけでなく，後見報酬の助成も含まれます）が，具体的な申請手続や，対象者の要件等は，自治体によって異なります。自治体や社会福祉協議会とよく相談しましょう。

●報酬額の決定

後見報酬は，家庭裁判所が決定しますが，金額の根拠は，これまでの事務報告に記載の活動内容が前提となります。手厚い身上保護活動が，後見法人の特徴でもありますので，最大限アピールすべきでしょう。

●付加報酬について…図表6-11参照

後見人が，本人のために特に行った行為について，本人が利益を得たような場合について，後見人報酬とは別に付加報酬の申立てを行うことができます。付加報酬の申立て対象となる事務は限定されていますが，その他・通常業務の範囲を超えた行為等に該当する活動はないか検証します。通常は，後見人報酬付与の申立てと同時に申請を行います。

参照QA 2-7

142　第6章　後見受任中の事務（その他）

図表　6-11　後見報酬額／付加報酬の対象事務

後見報酬額

東京家庭裁判所立川支部が公表している，専門職が後見人に選任された場合の報酬額のめやす金額です。親族の場合は，事案に応じて減額されることがあります。

- 後見人の基本報酬（月額）
  めやすの金額：2万円
  管理財産額が1000万円超～5000万円以下の場合：3～4万円
  管理財産額が5000万円超の場合：5～6万円

- 監督人の基本報酬（月額）
  めやすの金額：1万円～2万円
  管理財産が5000万円超の場合：2万5千円～3万円

- 付加報酬
  身上監護等に特別困難な事情があった場合に，基本報酬額の50％の範囲内で報酬を付加。また，特別な事務を行った場合も，相当額の報酬を付加。

- 複数後見人等
  後見人が複数の場合は，分掌事務の内容に応じて適宜の割合で按分。

東京家庭裁判所立川支部「成年後見人等の報酬額のめやす（平成25年1月1日）」より作成
http://www.courts.go.jp/tokyo-f/vcms_lf/130131seinenkoukennintounohoshugakunomeyasu.pdf

付加報酬の対象事務	留意事項・記載事項
訴訟手続における訴訟行為	申立期間中の行為に限る 申立期間内に本人が現に得た経済的利益額を記載
調停及び審判手続の対応	
遺産分割協議・示談等の手続外合意の対応	
不動産の任意売却	
保険金の請求手続	
不動産の賃貸管理	
その他の行為（通常業務の範囲を超えた行為）	

東京家庭裁判所ホームページ「後見人等のための書式集　報酬付与申立事情説明書」より作成
http://www.courts.go.jp/tokyo-f/vcms_lf/1612housyuhuyo_jijousetumeisyo.pdf

第 **7** 章

後見終了時の事務

7-1 後見の終了・後見人の交代

Q 後見の終了事由には，どのようなものがありますか。
後見人を交代する場合には，どのようにすればよいですか。

A 後見は，本人の死亡等や，後見人の死亡・辞任・解任・欠格事由の該当等によって終了します。

本人が遠方の施設に入居したときや，本人や親族等との関係悪化等により，後見業務の継続が難しくなったときに，辞任せざるを得ない場合があります。後見人を辞任するときは，家庭裁判所の許可が必要ですが，後任の後見人への財産の引継ぎ（管理の計算や，新しい後見人への報告，財産の引渡し等）が必要になります。

 解　説

●後見の終了事由…図表7-1参照

法定後見の終了事由には，本人の死亡以外では，後見人の死亡・辞任・解任・欠格事由の該当があります（条文は図表参照）。任意後見の終了事由には，法定後見と異なり，解除による終了があります（条文は図表参照）。また，本人の破産や，法定後見が開始されると任意後見は終了となります（任意後見法10条3項）。

●後見人の辞任

本人が遠方の施設に入居することになったときや，本人や親族等との関係悪化等により，後見業務の継続が難しくなったときに，辞任せざるを得ない場合があります。特に，遠方の施設に入居するケースは，今後増加する可能性があります。他地域の後見法人とのネットワーク化を図るほか，中核機関等と適切な連携を図ることが望まれます。

後見人は正当な理由なく辞任することは許されません。辞任に当たっては，家庭裁判所の許可が必要です（民法844条）。その場合，新たな後見人の選任を家庭裁判所に請求する必要があります（民法845条）。

●後見人の破産

後見法人の破産は，後見の終了原因となります（条文は図表参照）。破産によって，後見が終了し，本人や親族等に迷惑をかけることのないように，財務基盤を安定させ，しっかりした法人経営を目指しましょう。

図表 7-1 後見の終了事由一覧

		終 了 事 由
法定後見	本 人	・後見／保佐／補助の開始の審判の取消し（民法10条，14条1項，18条1項） ・本人の死亡（民法111条1項1号）
	後見人	・後見人の死亡（民法843条2項） ・後見人の辞任（民法844条） ・後見人の解任（民法846条） ・後見人の欠格事由該当（民法847条）
任意後見	解 除	〈任意後見監督人選任前〉 ・公証人の認証を受けた書面による場合（任意後見法9条1項）
		〈任意後見監督人選任後〉 ・正当な事由があり，家庭裁判所の許可を受けた場合（任意後見法9条2項）
	本 人	・本人の死亡（民法653条1号） ・本人の破産（民法653条2号）
	後見人	・任意後見人の死亡（民法653条1号） ・任意後見人の破産（民法653条2号） ・任意後見人の後見の開始（民法653条3号） ・任意後見人の解任（任意後見法8条） ・法定後見の開始（任意後見法10条1項，4条1項但書・2項）

7-❷ 本人が亡くなるまでの準備

Q 本人が亡くなる場合に備えて，準備しておくべきことはありますか。

A　推定相続人の存在をはっきりさせておくために，戸籍謄本は，後見開始後から取り寄せて準備をしておきましょう。

　本人死亡時に備えて，まずは本人に希望を聞いた上で，親族がいる場合は，役割分担を相談します。親族がいない場合は，本人と死後事務委任契約を結んだり，葬儀等の希望を聞いておくことが大切です。

　終末期になったら，家庭裁判所と協議しておくとよいでしょう。いざというときのために，多少の現金を下ろしておくことも考えられます。

解 説

●推定相続人の調査…図表7−2参照

　推定相続人の存在をはっきりさせておくために，戸籍謄本は，後見開始後から取り寄せて準備をしておきましょう。後見類型の場合は，代理権がありますが，保佐・補助で代理権がない場合は，本人に手続きをしてもらうことになりますので注意します。

●本人死亡時の準備…図表7−2参照

　まずは本人に希望を聞いた上で，親族がいる場合は，役割分担を相談します。親族がいない場合は，本人と死後事務委任契約を結んだり，葬儀等の希望を聞いておくことが大切です。保佐・補助の場合には，円滑化法の適用はありませんので，本人（被保佐人・被補助人）とよく相談した上で，死後事務の準備をしておく必要があります。

●葬儀費用等の支払準備…図表7−2参照

　金融機関や信託銀行が取り扱っている遺言代用信託では，葬儀費用の支払手続がスムースにできるサービスもあります。また，信託会社の中には，死後事務委任信託を提供しているケースもあります。

　終末期になったら，家庭裁判所と協議しておくとよいでしょう。いざというときのために，多少の現金を下ろしておくことも考えられます。

👉 参照QA 7−3

148　第7章　後見終了時の事務

図表 7-2　本人死亡時の職務／死亡届提出先・書類一覧

職務		内容・留意点
関係者への連絡		危篤時や死亡時に，親族・家庭裁判所へ連絡します。
後見人の職務		家庭裁判所への報告・管理計算・後見終了登記・相続人等への財産の引渡し・後見報酬付与の申立て等があります。
死後事務	遺体の引き取り・死亡届	やむを得ず後見人が行う場合には，葬祭業者に依頼します。同居の親族・同居者・家主等の他，後見人も死亡届を提出できます。
	火葬・納骨	火葬や納骨の契約を行うことは可能になりました。
	葬儀費用・未払債務の支払い	法改正によって，後見人は，債務の支払いに関する権限を有することが明確になりましたが，預貯金等の引出しの是非等，支払方法を決めておく必要があります。

届出先		届出窓口	届出書類
行政機関	死亡の届け出	市町村窓口	死亡届
	健康保険	〃	〃
	介護保険	〃	〃
	福祉サービス	〃	〃
	住民税（市町村民税・都道府県税）	〃	〃
	固定資産税・都市計画税	〃	〃
	年金・恩給	年金事務所	〃
金融機関	銀行等	取引店	死亡届
	証券会社・保険会社	取引店・代理店等	〃
医療機関・介護	医療機関	受付窓口	死亡連絡
	居宅介護事業所・介護施設	〃	〃

参考事例

- 死後事務契約を締結したところ，事前に手続きをきちんとしておかなかったため，確実に報酬を受け取れるかどうかわからない事例があります。

7-❸ 本人死亡後（後見終了後）の事務

Q 本人が亡くなった後に行う業務には，何がありますか。
死後事務は，どのようにすればよいですか。

A 本人が死亡すると，後見は当然に終了し，後見人は原則として代理権限等を喪失します。死亡後の後見人の職務とされている事務には，家庭裁判所への報告や管理の計算，相続人等への財産の引渡しがあります。
　本人の死亡後に後見人が職務として行う業務，いわゆる死後事務については，円滑化法によって，（一部は家庭裁判所への審判申立てにより）成年後見人が行う死後事務の範囲が明確になりました。

解説

●死後事務とは…図表7-2，7-3参照

　死後事務とは，本人の死亡後に，後見人が職務として行う業務のことで，通常は，相続人が行うべき業務です。具体的には，遺体の引取り及び火葬，生前にかかった医療費・入院費及び公共料金等の支払いなどが挙げられます。

●死後事務の明確化の意義…図表7-2，7-3参照

　本人が死亡すると，後見は当然に終了し，後見人は原則として代理権限等を喪失します（民法111条1項,653条1号）が，実務上，死亡後も死後事務を行うことを周囲から期待され，社会通念上拒否できない困難な場合があります。後見終了後の事務については，従前から応急処分義務（民法654条）や事務管理（民法697条）等を根拠に行われてきていましたが，事務の範囲が明確ではなかったため，根拠規定の設置や事務の範囲の明確化が必要とされてきました。

●死後事務の範囲の明確化について（円滑化法）…図表7-3参照

　2016年10月13日に施行された円滑化法によって，後見類型における死後事務の範囲が明確になりました（民法873条の2,家事事件手続法123条1項11号）。保佐・補助の場合は，あらかじめ本人（被保佐人・被補助人）とよく相談の上，後見類型の場合に準じて業務を行うことが考えられます。

後見お役立ち情報

死亡時の事務

　本人が生活保護受給者だった場合には，自治体より葬祭扶助が出ます。火葬場の減免措置もありますので，ケースワーカーに相談しましょう。

　心臓にペースメーカーが入っていた人や，小線源療法（ブラキセラピー）を受けていた人は，火葬場に運ぶ前に，埋め込まれたペースメーカーやシード線源がないか確認しましょう。

☞参照QA 3-6，7-2

150　第7章　後見終了時の事務

図表 7-3 円滑化法（死後事務に関する後見人の職務の明確化）

本人死亡後の後見人の職務とされている事務

① 家庭裁判所への報告
② 管理の計算
③ 後見終了の登記
④ 相続人等への財産引渡し
⑤ 応急処分義務上の事務
⑥ 死亡届の提出
⑦ 報酬付与の申立て（⑥⑦は，義務ではありません）

円滑化法により，後見人が職務として行うことが明確になった業務

□後見類型であること
□以下の3つの要件を満たすこと
　(1) 成年後見人が事務を行う必要性があること
　(2) 相続人が管理できない状態であること
　(3) 相続人の意思に反しないことが明らかな場合

死後事務	具体例
① 個々の相続財産の保存に必要な行為	時効の中断，建物の修繕行為
② 弁済期が到来した債務の弁済	成年被後見人の医療費・入院費・公共料金等の支払い
③ 死体の火葬又は埋葬に関する契約の締結，その他相続財産全体の保存に必要な行為	火葬に関する契約，納骨に関する契約，動産の寄託契約の締結，居室の公共料金等の解約，債務弁済のための預貯金の払い戻し

※③については家庭裁判所の許可を要します。後見人には葬儀を施行する権限は認められていません。

 column 円滑化法（死後事務の範囲）

　今まで，いわゆる死後事務については，応急処分義務の履行や事務管理を根拠とする以外，明確な根拠がなく，その範囲も明確ではありませんでした。
　2016年10月13日に施行された円滑化法（民法・家事事件手続法の改正）によって，成年後見人（後見類型のみ）は，(1)成年後見人が事務を行う必要性があり，(2)相続人が管理できない状態で，(3)相続人の意思に反しないことが明らかな場合（家庭裁判所の許可を要する場合あり）に，死後事務を行うことが可能になりました。現状では，許可申請に対しておおむね認容されているようです。

7-4 後見終了の手続き

Q 後見終了手続には，何がありますか。
最終報告書の作成は，どのようにすればよいですか。

A 本人が死亡したら，まず，推定相続人に連絡します。家庭裁判所に連絡を行い，直ちに管理の計算に取りかかります。後見終了の登記（閉鎖登記）は，後見人自身で行う必要があります。

　管理の計算が終了したら，財産目録を添付し，家庭裁判所に最終の事務報告を行います（２ヶ月以内）。

　最後に相続人に財産を引渡し，相続人から引継書を受領し，家庭裁判所に引継書のコピーを提出します。

解　説

●推定相続人・家庭裁判所への連絡…図表7-4参照

　本人が死亡したら，まず，推定相続人に連絡します。連絡は代表者一人に伝えればOKです。事前に連絡する人を決めておくとよいでしょう。また速やかに家庭裁判所に連絡を行い，直ちに管理の計算に取りかかります（東京家庭裁判所の場合，２週間以内）。

　後見終了の登記（閉鎖登記）は，後見人自身でやらなければいけませんので留意が必要です（後見登記法８条１項）。登記の申請は，東京法務局のみの受け付けとなります。

●管理の計算・後見終了報告（２ヶ月以内）…図表7-4参照

　管理の計算とは，後見業務を行っていた期間中の本人の財産変動を明確にし，計算することです（民法870条）。監督人が就いている場合には，立会いを依頼し，財産目録に監督人の署名捺印を求めます（民法871条）。

　管理の計算が終了したら，財産目録を作成し，家庭裁判所に最終の事務報告を行います。東京家庭裁判所では，最終残高の報告で済むようになっています。報酬付与の申請を行う場合は，同時に申立てを行います。

●財産引渡し・引渡し完了報告…図表7-4参照

　相続人に財産を引渡し，相続人から引継書を受領します。引継書には，正当な権限を有する管理財産の受取人（通常は相続人全員）の署名捺印を求め，家庭裁判所に引継書のコピーを提出します（東京家庭裁判所の場合，６ヶ月以内）。

☞ **参照QA** 7-5

152　第7章　後見終了時の事務

図表 7-4　後見終了後の手続きフローチャート（東京家庭裁判所の例）

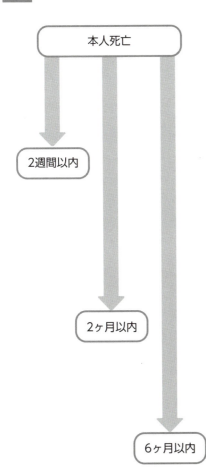

本人死亡	後見人の職務
2週間以内	**2週間以内：死亡報告** ● 死亡診断書又は除籍謄本のコピーを添えて，本人死亡の連絡を行います（連絡票のひな形を使用）。 ● 終了登記の申請手続を行います。
2ヶ月以内	**2ヶ月以内：管理計算・後見終了報告** ● 管理の計算（未精算費用等の清算・相続人への引継財産の確定）を行います。 ● 監督人がいる場合は，監督人の指示に従います（家庭裁判所への報告は不要です）。 ● 報酬付与の申請をします。
6ヶ月以内	**6ヶ月以内：財産引渡し・財産引渡し報告** ● 相続人に財産を引渡し，相続人から引継書を受領し，家庭裁判所に提出します（引継書のひな形を使用）。引渡しが困難な場合は書記官に連絡します。

ひとくちメモ　準確定申告とは

　所得税は，年の途中で死亡した人の場合，相続人が1月1日から死亡した日までに確定した所得金額及び税額を計算して，相続の開始があったことを知った日の翌日から4ヶ月以内に申告と納税を行う必要があります。これを準確定申告と言います。相続人が2名以上いる場合，各相続人が連署して申告書の提出を行います。

　申告義務者は相続人ですが，相続手続き等が円満に進まない場合は，後見人が税理士を紹介することもあります。

7-5 管理財産の相続人への引渡し

Q 管理財産を相続人へ引き渡す際の留意点はありますか。
相続財産管理人選任の申立ては，どのようにすればよいですか。

A 　管理財産を引渡す相手は，遺言書があるかどうか，相続人がいるかどうかによって異なってきます。遺言書の有無や，相続人の有無については，事前に調査をしておくことが必要です。

　最後の後見報酬を受け取る予定の場合，実務的には相続人から受取るよりほかありません。相続人とは円満な関係を保って手続きを進めましょう。

　管理財産を引渡すべき相続人がいない場合や，相続人から引渡しを拒否される場合には，家庭裁判所に不在者財産管理人選任の申立てを行います。

解説

● **管理財産の引渡し**…図表7-5参照

　管理財産を引渡す相手は，遺言書があるかどうか，相続人がいるかどうかによって異なってきます。遺言書の有無や，相続人の有無については，事前に調査をしておくことが必要です。相続人調査にあたっては，専門職等の協力も得るとよいでしょう。

　自筆遺言の場合は，形式が整っていないと，無効になる恐れがあります。本人に遺言作成能力があるうちに，公正証書遺言の作成を勧めましょう。

● **引渡し時の留意点**…図表7-5参照

　最後の後見報酬を受け取る予定の場合，実務的には相続人から受取るよりほかありません。相続人とトラブルが生じたりすると，報酬を受け取ることが難しくなりますので，円満な関係を保って手続きを進めましょう。

● **引渡す相続人がいない場合**…図表7-5参照

　管理財産を引渡すべき相続人がいない場合や，相続人から引渡しを拒否される場合等があります。このような場合，家庭裁判所に不在者財産管理人選任の申立てを行います（民法25条1項）。

　不在者財産管理人選任の申立てに必要な費用は，収入印紙800円・連絡用の予納郵便切手数千円程度ですが，選任に係る管理費用を予納金として，家庭裁判所に支払う必要があります（数十万円～）。相続人の存在・不存在が明らかでないときで，相続財産管理人の選任の申立てを行う場合（民法952条1項）も，同様の費用がかかりますので，注意しましょう。

参照QA 7-4

154　第7章　後見終了時の事務

図表 7-5 管理財産の引渡しの相手方

遺言書			引渡し相手
あ り	遺言執行者がいる		遺言執行者
	遺言執行者がいない	包括遺贈	包括受遺者
		特定遺贈	遺言執行者が選任された後，遺言執行者
な し	相続人が一人	相続人がいる	当該相続人
		相続人が行方不明	不明不在者財産管理人選任の申立てによって選任された不在者財産管理人
	相続人が二人以上	相続人間の合意がある	相続人全員集合による全員・代表者
		相続人間の合意がない	遺産分割調停の申立てによって選任された管理人 遺産管理人選任申立てによって選任された遺産管理人
	相続人がいない		相続財産管理人選任の申立てよって選任された相続財産管理人

ひとくちメモ　不在者財産管理人とは

　不在者財産管理人とは，従来の住所又は居所を去り，容易に戻る見込みのない者（不在者）に財産管理人がいない場合に，利害関係人等の申立てにより，家庭裁判所が，財産管理人選任等の処分を行う者を選任します。不在者財産管理人は，不在者の財産を管理・保存するほか，家庭裁判所の権限外行為許可を得た上で，不在者に代わって，遺産分割，不動産の売却等を行います。

相続財産管理人とは

　相続財産管理人とは，相続人の存在・不存在が明らかでないとき（相続人全員が相続放棄をして，結果として相続する者がいなくなった場合も含まれる。）に，利害関係人の申立てにより，家庭裁判所が，相続財産の管理人を選任します。相続財産管理人は，被相続人（亡くなった方）の債権者等に対して被相続人の債務を支払うなどして清算を行い，清算後残った財産を国庫に帰属させます。

第 **8** 章

自治体・社会福祉協議会の取組み

第 1 節 法人後見の受任状況

　本章では，社会福祉協議会や自治体の成年後見の取組みについて，調査結果を通じて概観するとともに，成年後見制度利用促進のために，社会福祉協議会が果たす機能・役割や，今後の課題について整理します。

1．法人後見の受任状況

　第1節では，全国社会福祉協議会が行った調査※に沿って，社会福祉協議会の法人後見の受任状況を確認します。

2．主な調査結果

⑴　**受任状況**…図表8-1-1，図表8-1-2参照

　社会福祉協議会による成年後見の取組みには，法人後見以外にも，相談支援や後見人養成等の役割があります。法人後見を受任している社会福祉協議会の数は，2015年9月末現在で300ヶ所強，全体の20％に満たない状況ですが，徐々に増加しています。

⑵　**受任の要件・きっかけ**…図表8-1-3，図表8-1-4参照

　受任の要件・きっかけでは，適切な後見人等候補者がいないことを理由に挙げる回答が多くなっています。候補者がいないとは，親族の中で後見人の成り手がいない，専門職の中で引き受け手がいない場合を指しています。

⑶　**法人後見実施上の課題**…図表8-1-5参照

　法人後見実施上の課題では，組織体制の整備・財源の確保・バックアップ体制の充実を挙げる回答が多くなっています。

※　全国社会福祉協議会「平成27年度　各市町村社協の成年後見取り組み状況調査結果　平成27年9月末現在」
　　内閣府ホームページ　成年後見制度利用促進委員会「第2回利用促進ＷＧ・第2回不正防止ＷＧ　資料5　全国社会福祉協議会提出資料」より図表作成
　　http://www.cao.go.jp/seinenkouken/iinkai/wg/riyousokusin/2_20161024/pdf/siryo_5.pdf

図表 8-1-1 社会福祉協議会による成年後見の取組みイメージ

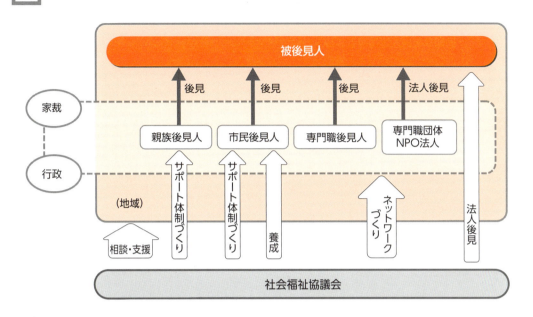

図表 8-1-2 社会福祉協議会の受任等の状況と推移

		回答数	全国の社協数※に対する割合
①	現在法人後見を受任している	303	15.8%
②	現在は受任していないが，過去に受任実績がある	17	0.9%
③	過去に受任実績はないが，受任体制はある	39	2.0%
④	後見監督人を受任している	42	2.2%
⑤	市民後見人の養成を行っている	154	8.1%
⑥	市民後見人の受任調整や実務支援を行っている	75	3.9%
⑦	成年後見センター等として，市民等からの相談受付や利用手続支援を行っている	264	13.8%

①+②+③ = 359

※全国の社会福祉協議会の数1913

法人後見受任体制あり:
- H22: 125
- H23: 114
- H24: 193
- H25: 232
- H26: 298
- H27: 359

市民後見人養成を実施:
- H22: 21
- H23: 21
- H24: 77
- H25: 100
- H26: 143
- H27: 154

第1節　法人後見の受任状況　159

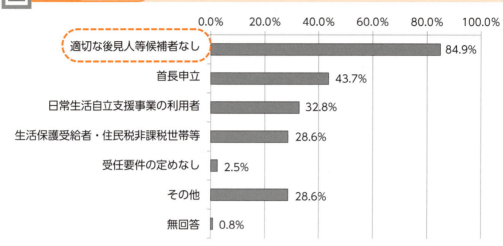

図表 8-1-3 法人後見受任の要件

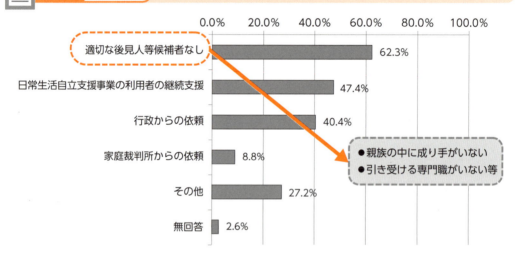

図表 8-1-4 法人後見受任のきっかけ

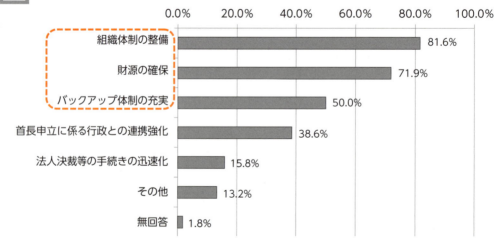

図表 8-1-5 法人後見実施に向けた課題

第2節 自治体の取組状況

1. 自治体の取組状況

第2節では，NPO法人地域ケア政策ネットワークが行った調査※に沿って，市町村の成年後見の取組状況を確認します。

2. 調査概要

名　　　称：成年後見制度利用促進・市民後見事業に関する調査

調査期間：平成28年11月〜平成29年1月

調査対象：47都道府県，1741市区町村　他三士会

調査内容：①基礎情報，②市民後見人育成・活用事業について，③成年後見制度利用促
（自治体）　進に関する取組み，④市民後見に関する取組み，⑤広域化に向けた取組み，
　　　　　　⑥市区町村向け質問，⑦都道府県向け質問

回収数・率：市町村（766/1741　43.9％）

3. 主な調査結果

(1) 利用促進

●利用促進の取組みの有無・内容…図表8-2-1参照

　何らかの利用促進策に取り組んでいるという回答は約7割に上り，取組内容のうち住民への周知は約8割に達します。しかし，住民への周知が，次問の後見ニーズの把握につながっていない状況が見て取れます。また，意思決定困難者への支援検討が，1割強に留まっており，今後の課題であることが報告されています。

●後見ニーズの把握の有無…図表8-2-2参照

　地域における成年後見ニーズの把握ができているという回答は，わずか1割強に留まっています。把握手段にアンケート調査を上げる回答が目立ちますが，高齢者や障害者が自ら支援を求めるケースは少ないものと思われます。地域住民に対して，悉皆で，制度の普及理解に努めると同時に，医療・介護・福祉等の周囲の関係者の深い理解が望まれます。

●首長申立の実績…図表8-2-3参照

　成年後見の社会化の象徴ともされる，市町村長申立の実績ですが，約6割の実績が認められます。実績と人口規模が比例しないことから，自治体間での格差が生じていることや，自治体職員への普及策としての有用性が報告されています。

●後見実施機関の設置の有無…図表8-2-4参照

　成年後見センターとも呼称されることが多い後見実施機関ですが，約1/4の市町村が，設置しています。

●**後見実施機関の設置形態**…図表8−2−5参照

　後見実施機関の設置形態は，直営はごくわずかで，約3/4は委託となっています。委託先は，ほとんどが，地元の社会福祉協議会ですが，NPO法人等の民間団体という回答もあります。

●**後見実施機関による市民後見事業の実施の有無**…図表8−2−6参照

　後見実施機関による市民後見事業は，約7割の自治体で実施しています。

●**後見実施機関による親族後見人の支援の有無**…図表8−2−7参照

　後見実施機関による親族後見人の支援は，約6割の自治体で実施しています。

●**成年後見制度利用支援事業の実施**…図表8−2−8参照

　成年後見制度利用支援事業の実施は，高齢者・障害者とも約9割と高い結果となりました。

(2)　**市民後見人育成**

●**市民後見人の育成・活用事業の有無**…図表8−2−9参照

　市民後見人の育成・活用事業を実施しているのは，15％程度に留まっています。当該事業を活用せずに市民後見事業を行っている回答が見られるところ，次問の回答の方が実数に近いのではないかとの報告がなされています。

(3)　**市民後見**

●**市民後見に関する事業の有無**…図表8−2−10参照

　市民後見事業を行っているのは，約1/4の自治体でみられます。取組内容のうち，市民後見人の養成研修を行っている自治体は9割弱に達する一方で，市民後見人名簿の登録は6割弱，家庭裁判所への推薦は4割弱に留まります。市民後見人＝市民後見人名簿登録＋家裁への推薦という認識が多くみられますが，市民が後見業務を行う場は，この方法ばかりではありません。社会福祉協議会の支援員として参加を促したり，市民による後見法人の設立運営等の，活動の複線化を促していくことが望まれます。

●**市民後見の受任の形態**…図表8−2−11参照

　市民後見の受任形態は，実施機関の支援員として参加する法人後見が約4割，個人受任が約4割となっています。市民が法人を立ち上げて法人後見を行うという選択肢がありませんが，このような受任形態も増やしていくべきかと思われます。

●**市民後見事業を行わない理由**…図表8−2−12参照

　予算・人員のメドが立たないという回答が6割に上ります。厳しい財政状態の中での取組みには大きな障壁があることがうかがえますが，赤い羽根共同募金の活用や，社会福祉協議会自身によるファンドレイジングの動きも見られるところ，財源確保に向けた知恵を絞っていくことが重要な課題と言えます。

※　NPO法人地域ケア政策ネットワーク「成年後見制度利用促進・市民後見事業に関する全国調査報告書　平成29年3月」より図表作成
http://jichitai-unit.ne.jp/network/wp-content/uploads/sites/3/2017/04/aa6b47c36c2cf895c55a3fb05bf5dd6c.pdf

図表 8-2-1　利用促進に関する取組み（取組みの有無と内容）

成年後見制度の利用促進に関する取組みを行っていますか　成年後見制度の利用促進として，どのようなことに関して取組みを行っていますか　回答数751

行っていると回答した自治体の取組内容	件 数	割 合
保佐及び補助の制度の利用を促進する方策の検討	18件	3.6%
本人の権利制限に係る制度の見直し	5件	1.0%
本人の医療，介護等に係る意思決定が困難な者への支援等の検討	70件	13.8%
本人の死亡後における後見人の事務の範囲の見直し	2件	0.4%
任意後見制度の積極的な活用	24件	4.7%
国民（住民）に対する周知等	406件	80.1%
地域住民の需要に応じた利用の促進	144件	28.4%
地域において後見人になる人材の確保	134件	26.4%
成年後見等実施機関の活動に対する支援	142件	28.0%
関係機関等における体制の充実強化	121件	23.9%
関係機関等の相互の緊密な連携の確保	203件	40.0%

図表 8-2-2　利用促進に関する取組み（後見ニーズの把握の有無）

当該地域における成年後見制度のニーズ把握を行っていますか　回答数701

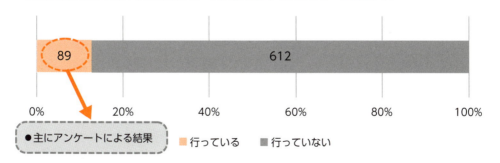

●主にアンケートによる結果

第2節　自治体の取組状況　163

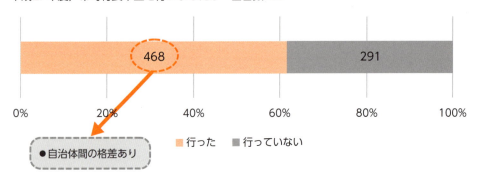

図表 8-2-3 利用促進に関する取組み（首長申立実績）

平成27年度，市町村長申立を行いましたか　回答数759

● 自治体間の格差あり

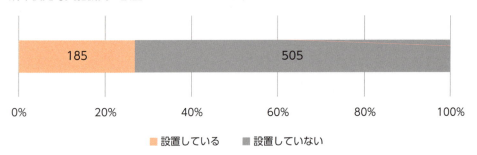

図表 8-2-4 利用促進に関する取組み（後見実施機関の設置の有無）

成年後見等実施機関は設置していますか　回答数690

図表 8-2-5 利用促進に関する取組み（実施機関の設置形態）

成年後見等実施機関の設置形態を教えてください　回答数181

● ほとんど社会福祉協議会
● NPO法人等民間団体もあり

図表 8-2-6　利用促進に関する取組み（後見実施機関による市民後見事業）

成年後見等実施機関では市民後見に関する事業を行っていますか　回答数183

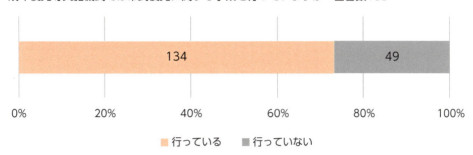

■ 行っている　■ 行っていない

図表 8-2-7　利用促進に関する取組み（後見実施機関による親族後見の支援）

成年後見等実施機関では親族後見人への支援を行っていますか　回答数183

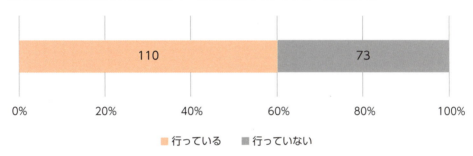

■ 行っている　■ 行っていない

図表 8-2-8　利用促進に関する取組み（利用支援事業の実施）

どのような事業を実際に行っていますか　回答数698（複数回答）

事業の内容	件　数	割　合
成年後見制度利用支援事業（高齢者）	661件	94.7％
成年後見制度利用支援事業（障害者）	612件	87.7％
権利擁護人材育成事業	98件	14.0％
高齢者権利擁護推進事業（都道府県事業）	11件	1.6％
その他	31件	4.4％

図表 8-2-9 市民後見人育成・活用

市民後見人育成・活用事業を行っていますか　回答数766

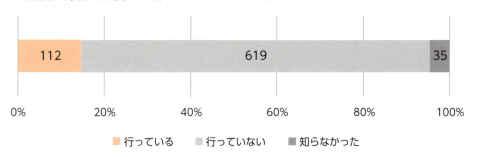

■行っている　■行っていない　■知らなかった

図表 8-2-10 市民後見に関する取組み（市民後見事業）

市民後見に関する事業を行っていますかどのような取組みを行っていますか　回答数757

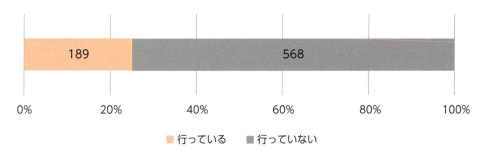

■行っている　■行っていない

取組みの内容	件　数	割　合
市民後見人の養成（研修）	162件	85.7%
市民後見人名簿の登録	107件	56.6%
家庭裁判所への推薦	67件	35.4%
市民後見人の活動支援（相談等）	104件	55.0%
現役市民後見人の資質向上に向けた取組み（現任研修等）	67件	35.4%
市民後見人名簿登録者へのフォローアップ（モチベーションの維持）	107件	56.6%
親族後見人への支援	37件	19.6%
その他	23件	12.2%

図表 8-2-11　市民後見に関する取組み（受任の形態）

どのような形態で選任されていますか　回答数140

取組みの内容	件　数	割　合
法人後見（市民が後見実施機関の支援員として活動）	56件	40.0%
市民後見人の個人受任（後見実施機関による後見監督人選任）	38件	27.1%
市民後見人個人による単独受任（後見監督人選任なし）	21件	15.0%
その他	38件	27.1%

図表 8-2-12　市民後見に関する取組み（市民後見事業を実施しない理由）

市民後見に関する事業を行っていない理由としては何が挙げられますか　回答数350

事業を行わない理由	件　数	割　合
市民後見人の必要性が分からない	49件	14.0%
市民後見人育成事業に関する情報がない	68件	19.4%
予算・人員のメドが立っていない	214件	61.1%
家裁・社協・専門職団体等関係機関との連携が取れない	53件	15.1%
その他	114件	32.6%

4．基本計画における市町村の役割

　2017年3月に閣議決定し，4月からスタートした基本計画における市町村の役割と，権利擁護支援の地域連携ネットワークについて整理しておきます。

●基本計画における市町村の役割…図表8-2-13参照

　促進法において，市町村は，①市町村計画の策定，②後見実施機関の設立支援，③審議会等の設置の3つの努力義務が課せられています。

　これに基づき，基本計画においても，同様の努力義務が明記されたほか，権利擁護支援の地域連携ネットワークの設立について主導的な役割を果たすことが求められます。法律上は努力義務であるものの，積極的に責任を果たすことが求められていると言えます。

●権利擁護支援の地域連携ネットワーク…図表8-2-14参照

　地域連携ネットワークの役割・機能や，ネットワークを構成する3つの機関（チーム，協議会，中核機関）の役割・機能は，次頁の図表の通りです。

　中核機関は，市町村単独での設置の他，複数での設置も容認されていますが，市町村が責任を持って運営に関与することが必要です。

図表 8-2-13　基本計画における市町村の役割

促進法23条（市町村の役割）……太字下線筆者

市町村は，成年後見制度利用促進基本計画を勘案して，当該市町村の区域における**成年後見制度の利用の促進に関する施策についての基本的な計画を定める**よう努めるとともに，**成年後見等実施機関の設立等に係る支援その他の必要な措置を講ずる**よう努めるものとする。

2　市町村は，当該市町村の区域における成年後見制度の利用の促進に関して，基本的な事項を審議させる等のための，当該市町村の条例で定めるところにより，**審議会その他の合議制の機関を置く**よう努めるものとする。

基本計画（市町村の役割）……太字下線筆者

○　市町村は，…地域連携ネットワークの中核機関の設置等において積極的な役割を果たすとともに，地域の専門職団体等の関係者の協力を得て，**地域連携ネットワーク（協議会等）の設立と円滑な運営においても積極的な役割**を果たす。

○　市町村は，…地域連携ネットワーク・中核機関に期待される機能の段階的・計画的整備に向け，**市町村計画を定める**よう努める。

○　また，市町村は，促進法第23条第2項において，条例で定めるところにより，当該市町村の区域における成年後見制度の利用の促進に関する基本的な事項を調査審議させる**審議会その他の合議制の機関を置く**よう努めるものとされている。
　　市町村は，**当該合議制の機関を活用し，市町村計画の検討・策定を進める**ほか，**当該地域におけるネットワークの取組状況について調査審議**し，例えば，当該地域において成年後見制度の利用が必要な人を発見し制度利用につなげる支援ができているか等，**地域における取組み状況の点検，評価等を継続的に行う**ことが望ましい。

○　なお，…地域における体制整備は，地域福祉や地域包括ケア等の既存の資源・仕組みを活用しつつ，地域福祉計画など既存の施策と有機的な連携を図りつつ進める。

図表 8-2-14 権利擁護支援の地域連携ネットワーク

ネットワークの機能	ネットワークの役割
① 権利擁護支援の必要な人の発見・支援 ② 早期の段階からの相談・対応体制の整備 ③ 意思決定支援・身上保護を重視した成年後見制度の運用に資する支援体制の構築	① 制度の広報 ② 制度利用の相談対応 ③ 制度利用促進（マッチング） ④ 後見人支援

構成機関	主な役割・機能	参加者
チーム	本人の日常的な見守り	○親族 ○福祉・医療・介護・地域の関係者（ケアマネ・相談支援専門員等） ○後見人
協議会	専門相談への対応 家庭裁判所との情報交換・調整	○士業専門職団体 ○医療・福祉・地域の関係機関 ○市民団体 ○金融機関 ○家庭裁判所
中核機関	全体のコーディネート （相談対応・チームの支援・協議会の開催・家裁との連携・後見人受任調整支援等）	市長村単独又は複数市町村にまたがる区域において設置 （地域の実情に応じて，市町村直営又は委託等）

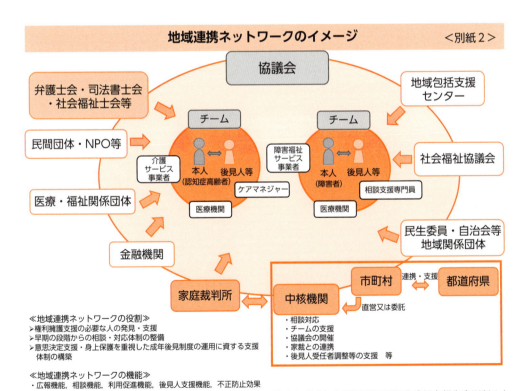

法務省「成年後見制度利用促進委員会報告書別紙2」

第3節 法人後見の体制整備

第3節では，社会福祉協議会における法人後見の体制整備について見ていきます。法人後見の体制整備については，おおむね次頁のような流れで進めていくことになると考えられます（図表8-3参照）。

●後見ニーズの把握

まずは，自らの管轄する地域において，どのような後見ニーズを持った高齢者や障害者がいるのかを確認把握することが出発点となります。

周囲から見て，後見ニーズがあると思われる高齢者や障害者本人・家族が，必ずしも後見利用の意向を示すとは限りません。

本人や家族，医療・介護・福祉関係者へのアンケート調査等も大切ですが，実際にどのような生活支援ニーズや後見ニーズがあるのか，生の声を積極的に情報収集することが望まれます。

●後見実施機関の設置に向けた検討

後見実施機関は，潜在的な後見ニーズを抱える人の発見や，成年後見に関する相談，法人後見受任に向けた重要な拠点ですので，当該地域における成年後見の活用や利用促進のためには，設置に向けた検討を行っていくことが必要です。

特に，利用促進基本計画において中核機関の設置が求められ，多くの場合，自治体から社会福祉協議会への委託が想定されるところ，後見実施機関が未設置の自治体においては，中核機関受託の一里塚として，後見実施機関の設置に向けた検討を行っていくことが望まれます。

●法人後見の開始に向けた具体的な準備

具体的に法人後見の受任開始に向けては，次頁の図表のように，計画策定から準備実行の流れに沿って進めていくことになると思われます。

まずは，後見実施のための実施要綱の作成，運営委員会等の協議会の設置を経て，定款の見直しや規程類の整備を図ります。後見実施要綱の他に，首長申立や運営委員会の設置のための要綱を作成することも考えられます。

次に，後見の相談・受任件数や親族後見の支援件数等を予定し，それに必要な人員等のリソース等の人員計画，収支計画を立てていきます。後見報酬申立や，人件費・活動費を具体的に見積もるとともに，市民後見人養成講座を開催して，支援員を確保・育成していくといった活動も必要となります。

第8章 自治体・社会福祉協議会の取組み

図表 8-3　法人後見開始に向けた体制整備の流れ

```
　　　　　　　　　　　　　　　　　　　　　　　　●対象者情報の把握収集ルート
　　　　　　成年後見ニーズの把握　　　　　　　　　の確保
　　　　　　　　　　　　　　　　　　　　　　　　●重層的なインフォーマル組織
```

──

後見実施機関設置に向けた検討

- 後見実施機関の運営方法
- 後見実施機関の業務内容
- 後見実施機関の人員体制
- 後見実施機関の運営収支

- 設置方法の決定（直営・委託・補助）
- 後見の受任方法（法人後見・個人後見）
- 親族後見支援の有無
- 任意後見受任の有無
- 日常生活自立支援事業との役割分担
- 様々な運営業務（相談・調査・申立て・手続支援等）に係る自治体と社協の役割分担
- 相談受任件数等業務量・運営費用の予測
- 後見報酬申立の有無

──

計画策定フェーズ

- 実施要綱の作成
- 運営委員会の設置
- 定款見直し・規程類の整備

- 実施要綱の作成（法人後見の目的・対象・業務内容等）
- 運営委員会の設置（運営委員の確保・要綱の作成等）
- 定款の見直し・修正
- 後見業務に係る諸規程の作成
- 会計区分の設置

準備実行フェーズ

- 業務量の算定・収支計画の作成
- 予算措置・財源の確保
- 人材の確保・育成

- 具体的な業務量の算定
- 収支計画の決定
- 市民後見人養成講座の開催・運営，活動希望者との面談
- 専門員・支援員の確保
- 後見業務に係る保険の加入
- 必要な予算措置
- 寄付金・遺贈等の受付

法人後見の準備完了

第3節　法人後見の体制整備　　171

第4節 法人後見実施の流れ

第4節では，東京都品川区の品川成年後見センターの実例に基づいて，社会福祉協議会における法人後見業務の流れを説明します。実際の法人後見業務は，おおむね次頁のような流れに沿って進めていきます（図表8-4参照）。

●発見・相談

一人でも多くの要支援者を成年後見の利用につなげていくには，発見・相談機能の充実が望まれます。民生委員や町会・自治会等の地域コミュニティ等，自治体や関係機関との日常的なコミュニケーションの確保のほか，商店街や地域金融機関等の民間事業者との見守り協定の締結等，潜在的に後見ニーズを抱える高齢者や障害者に対する重層的なアウトリーチ機能の確保構築が肝要です。

●ケース会議

ケース会議では，実際に後見ニーズを持つ本人の身体的・財政的な状況について，参加者が情報共有し，支援の方向性について検討を行います。

社会福祉協議会や自治体の職員，地域包括支援センター，民生委員等の地域の関係者等の参加を求めます。

品川成年後見センターでは，区長申立てや法人後見の可否等の具体的な方針決定を行うケース方針決定会議も運営しています。

●運営委員会

運営委員会では，医師・法律専門職・学識経験者等の参加を求め，定期的に委員会を開催し，法人後見の受任や後見監督人の受任の適否，任意後見契約の適否等について，医療や法律の専門的な意見を取り入れます。

●自治体や他団体との連携

法人後見を受任し，地域全体での成年後見の推進を図るためには，自治体とのコミュニケーションの確保・円滑化の他，後見の担い手となる地域の士業専門職や市民団体等との連携が必要となります。

このような地域の連携活動によって，具体的な事案に対して最も相応しいと思われる後見の担い手をマッチングさせていくことが，成年後見の利用促進につながります。

また，紹介した事案に対しても，後見人に任せきりにせず，ケース会議や運営委員会でのフォロー・モニタリングを通じて，積極的に関与していくことで，事案の適切かつ品質の高い後見業務を進めていくことになります。

第8章 自治体・社会福祉協議会の取組み

図表 8-4　ケース発見から成年後見スタートまでの流れ

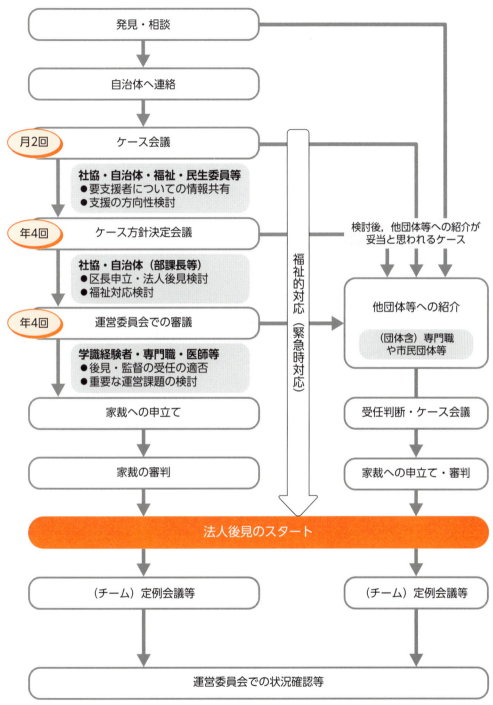

品川成年後見センター資料より作成

資　料　編

NPO法人定款記載例

特定非営利活動法人○○○定款

第1章　総則

> 法人の総則に関する事項は，必要的記載事項です。

（名称）

第1条　この法人は，特定非営利活動法人○○○という。

> **法11条1項2号　※登記事項**
> ● 名称に法令上の制限はありませんが，国や自治体の機関等と誤認するおそれのある名称，特定の個人や企業等団体の名称を用いることは，特定非営利活動法人の名称として不適当です。また，他の法律で使用が禁止されている名称もあります。なお，登記上名称に使用できない文字や記号もありますのでご注意ください。
> ● 英文名や略称を付ける場合は，次のように表記します。
> 「また，英文名を□□□□といい，略称を○○会とする。」

（事務所）

第2条　この法人は，主たる事務所を東京都○○区○○丁目○○番○○号　○○ビル○階○○号室に置く。

> **法11条1項4号　※登記事項**
> ● 住居表示どおりに町名地番（ビル名，部屋番号等）までの記載をすることが適当です。
> ● 活動拠点を「主たる事務所」とし，それ以外の事務所を「その他の事務所」として，その全てを記載してください（他の道府県又は海外にその他の事務所がある場合も含みます。）。
> ● その他の事務所がある場合は，次のように表記します。
> 「この法人は，その他の事務所を○○県××市△△町×番×号に置く。」

（目的）

第3条　この法人は，認知症，知的障害，精神障害，発達障害等の精神上の障害により，判断能力が十分ではない高齢者や障害者等が，社会生活上，不利益を被らないように，成年後見制度等の利用を促進することによって，権利擁護と福祉の地域づくりを目指すことを目的とする。

> **法11条1項1号　※登記事項**
> ● 特定非営利活動を行うことを主たる目的とした法人であること等を明らかにするため，目的には，①受益対象者の範囲，②主要な事業，③法人の事業活動が社会にもたらす効果（どのような意味で社会の利益につながるのか）や法人としての最終目標等を具体的かつ明確に伝わるよう記載してください。
> ● 専門用語や一般的でない表現等は，平易な表現に置き換えたり，専門用語の後に括弧書きで解説を加えるなどしてください。
> ● 会員などの構成員相互の利益を目的とした活動は，不特定かつ多数の者の利益を目的とする特定非営利活動とは認められません。

（特定非営利活動の種類）

第4条　この法人は，前条の目的を達成するため，次の種類の特定非営利活動を行う。

⑴ 保健，医療又は福祉の増進を図る活動

⑵ 社会教育の推進を図る活動

⑶ まちづくりの推進を図る活動

⑷ 環境の保全を図る活動

⑸ 災害救援活動

⑹ 地域安全活動

⑺ 人権の擁護又は平和の推進を図る活動

⑻ 男女共同参画社会の形成の促進を図る活動

⑼ 子どもの健全育成を図る活動

⑽ 経済活動の活性化を図る活動

⑾ 職業能力の開発又は雇用機会の拡充を支援する活動

⑿ 消費者の保護を図る活動

⒀ 前各号に掲げる活動を行う団体の運営又は活動に関する連絡，助言又は援助の活動

> **法11条1項3号　※登記事項**
> ● 法2条1項別表（189頁参照）に掲げる活動の種類について，該当するものを1つ以上選択して法の表記どおりに記載します。
> 　→後見法人の場合，最低限，ひな形に記載する種類が該当するものと考えられます。

（事業）

第5条　この法人は，第3条の目的を達成するため，特定非営利活動に係る事業として，次の事業を行う。

⑴ 成年後見及び未成年後見（成年後見等）を必要とする人の把握，調査に係る事業

⑵ 成年後見に関する普及啓発，相談，利用支援，申立書類の作成支援に係る事業

⑶ 後見人の受任に係る事業

⑷ 委任契約による医療，福祉等の手配や支払代行及び財産管理，遺言執行等とそれに付随する事業

⑸ その他目的を達成するために必要な事業

2．この法人は，次のその他の事業を行う。

⑴ 日常生活のサポート事業とそれに付随する事業

⑵ ××××事業とそれに付随する事業

3．前項に掲げる事業は，第1項に掲げる事業に支障がない限り行うものとし，その利益は，第1項に掲げる事業に充てるものとする。

> **法11条1項3号及び11号　※登記事項**
> ● 法人が行う具体的な事業の内容を記載してください。その際，「特定非営利活動に係る事業」と「その他の事業」の内容は明確に区分しなければなりません（法5条2項）。また，定款に記載のない事業を行うことはできません。
> ● 特定非営利活動に係る事業を行う場合でも，事業収益を得ることは可能です。なお，特定非営利活動に係る事業であっても，税法上の収益事業に該当する場合は，課税対象となります。
> ● 定款第1項第5号の「その他目的を達成するために必要な事業」とは，単年度限りの事業や試験的に実施する事業を指します。2年以上継続して同一の事業を行う場合は，定款を変更して事業項目を追加する必要があります。
> ● 2事業年度以内に行う見通しの立つ事業を記載してください。現時点で見通しの立たない事業は，定款には記載せず，実際に事業の実施が具体化した時点で定款変更（認証申請）し，事業を追加してください。
> ● 定款第2項の「その他の事業」とは，特定非営利活動に係る事業を経済的に補うための事業，会員間の相互扶助のための共益的な事業などを指します。なお，「その他の事業」は，特定非営利

NPO法人定款記載例　**177**

活動に係る事業に支障がない限り行うことができます（法5条1項）。
- 「その他の事業」を行わない場合は，定款第2項及び第3項の記載は不要です。

第2章　会員

社員の資格の得喪に関する事項は，必要的記載事項です（法11条1項5号）。

（種別）
第6条　この法人の会員は，次の2種とし，正会員をもって特定非営利活動促進法（以下「法」という。）上の社員とする。
- (1)　正会員　この法人の目的に賛同して入会した個人及び団体
- (2)　賛助会員　この法人の目的に賛同し賛助するために入会した個人及び団体

- 会員の名称や種類は自由に設定できますが，どの会員種別が法上の社員に当たるのかを明確にする必要があります。
- なお，法上の社員とは，総会で議決権を有する者のことで，法人と雇用関係にある者（従業員）のことではありません。

（入会）
第7条　会員の入会について，特に条件は定めない。
2．会員として入会しようとするものは，理事長が別に定める入会申込書により，理事長に申し込むものとする。
3．理事長は，前項の申し込みがあったとき，正当な理由がない限り，入会を認めなければならない。
4．理事長は，第2項のものの入会を認めないときは，速やかに，理由を付した書面をもって本人にその旨を通知しなければならない。

- 社員に当たる会員の資格の取得に関して不当な条件を設けてはなりません（法2条2項1号イ）。

（会費）
第8条　会員は，総会において別に定める入会金及び会費を納入しなければならない。

- 入会金及び会費の設定をしない場合は，記載は不要です。
- 「入会金及び会費は返還しない。」と規定することはできますが，「その他の拠出金品は返還しない。」と規定することは，不返還に係る内容が不明瞭となるため不適当です。

（会員の資格の喪失）
第9条　会員が次の各号の一に該当する場合は，その資格を喪失する。
- (1)　退会届の提出をしたとき
- (2)　本人が死亡し，若しくは失踪宣告を受け，又は会員である団体が消滅したとき
- (3)　継続して1年以上会費を滞納したとき
- (4)　除名されたとき

- 社員にあたる会員の資格の喪失に関して不当な条件を設けてはなりません（法2条2項1号イ）。

（退会）
第10条　会員は，理事長が別に定める退会届を理事長に提出して，任意に退会することができる。

- 退会は任意にできることを規定してください（法2条2項1号イ）。

資料編

（除名）

第11条 会員が次の各号の一に該当する場合には，総会の議決により，これを除名することができる。

(1) この定款に違反したとき

(2) この法人の名誉を傷つけ，又は目的に反する行為をしたとき

2．前項の規定により会員を除名しようとする場合には，議決の前に当該会員に弁明の機会を与えなければならない。

> ● 除名は，法人の一方的な意思で会員の資格を失わせるものですので，手続きを慎重に行う必要があります。したがって，会員の除名は総会の議決事項とし，除名されようとする者に弁明の機会を与えることが適当です。

第3章　役員

> 役員に関する事項は，必要的記載事項です（法11条1項6号）。

（種別及び定款）

第12条 この法人に，次の役員を置く。

(1) 理事　3人以上7人以内

(2) 監事　1人以上2人以内

2．理事のうち1人を理事長とし，1人以上2人以内を副理事長とする。

> ● 第1項…法上の定数（理事3人以上，監事1人以上）を満たしていれば，定数の設定は自由です（法15条）。なお，役員の定数は，「○○人」とすることもできます。
> ● 第2項…ここに役職を設けた場合は，定款第13条の「選任等」と第14条の「職務」にもその役職についてそれぞれ記載します。

（選任等）

第13条 理事及び監事は，総会において選任する。

2．理事長及び副理事長は，理事の互選とする。

3．役員のうちには，それぞれの役員について，その配偶者若しくは3親等以内の親族が役員の総数の3分の1を超えて含まれることになってはならない。

4．法第20条各号のいずれかに該当する者は，この法人の役員になることができない。

5．監事は，理事又はこの法人の職員を兼ねてはならない。

> ● 第1項…役員の選任を理事会の議決事項とすることもできます。また，必ずしも会員の中から選任しなくても構いません。
> ● 第3項…理事及び監事が6人以上の場合に限り，配偶者若しくは3親等以内の親族を1人役員に加えることができます（法21条）。
> ● 第4項…（法20条）
> ● 第5項…（法19条）

（職務）

第14条 理事長は，この法人を代表し，その業務を総理する。

2．理事長以外の理事は，法人の業務について，この法人を代表しない。

3．副理事長は，理事長を補佐し，理事長に事故があるとき又は理事長が欠けたときは，理事長があらかじめ指名した順序によって，その職務を代行する。

4．理事は，理事会を構成し，この定款の定め及び総会又は理事会の議決に基づき，この法人の

業務を執行する。

5．監事は，次に掲げる職務を行う。

(1) 理事の業務執行の状況を監査すること。

(2) この法人の財産の状況を監査すること。

(3) 前2号の規定による監査の結果，この法人の業務又は財産に関し不正の行為又は法令若しくは定款に違反する重大な事実があることを発見した場合には，これを総会又は所轄庁に報告すること。

(4) 前号の報告をするために必要がある場合には，総会を招集すること。

(5) 理事の業務執行の状況又はこの法人の財産の状況について，理事に意見を述べること。

- 定款第12条で設けた役職について，その役職がどのような職務を行うのか，役職ごとに違いが分かるように記載してください。
- 第1項及び第2項…「理事長は，法人の業務について法人を代表する。」旨の記載をした場合は，理事長のみが代表権を持つことになります（法16条）。理事長以外の理事が代表権を有しないことについて，この条文で明確にします。理事全員が法人を代表する場合には，「理事全員は，この法人を代表する。」というような記載をします。この場合において事務の取りまとめ役として理事長を置く場合には，第2項を「理事長は，会の業務を総理する。」とすることもできます。
- 第3項…副理事長が1人の場合は，「理事長があらかじめ指名した順序によって」の記載は必要ありません。
- 第5項…監事の職務は法定されていますので，職務を減らすことはできませんが，「理事に意見を述べ，又は理事会の招集を請求すること。」など法定の職務に追加することは可能です（法18条）。

（任期等）

第15条 役員の任期は，2年とする。ただし，再任を妨げない。

2．補欠のため，又は増員により就任した役員の任期は，それぞれの前任者又は現任者の任期の残存期間とする。

3．役員は，辞任又は任期満了後においても，後任者が就任するまでは，その職務を行わなければならない。

- 役員の任期は，2年を超えない範囲において，定款で定めなければなりません（法24条1項）。
- 法人運営の円滑化を図るため，定款第13条第1項において役員全員を総会で選任する旨を明記している場合に限り，定款第15条第2項として伸長規定を置くことができます（法24条2項）。任期の短縮についても併せて定める場合は，次のように規定します。「前項の規定にかかわらず，任期満了前に，総会において後任の役員が選任された場合は，当該総会が終結するまでを任期とする。また，任期満了後，後任の役員が選任されていない場合には，任期の末日後最初の総会が終結するまでその任期を伸長する。」
- 第3項…前任者は，臨時的に役員の職務を行うものであり，総会の招集などの権限は行使できません。このため，速やかに後任者を選任する必要があります。

（欠員補充）

第16条 理事又は監事のうち，その定数の3分の1を超える者が欠けたときは，遅滞なくこれを補充しなければならない。

法22条
- 定数とは，定款第12条で定めた役員の人数をいいます。

（解任）

第17条 役員が次の各号の一に該当する場合には，総会の議決により，これを解任することができる。

⑴　心身の故障のため，職務の遂行に堪えないと認められるとき

⑵　職務上の義務違反その他役員としてふさわしくない行為があったとき

2．前項の規定により役員を解任しようとする場合は，議決の前に当該役員に弁明の機会を与えなければならない。

> ● 理事の解任を理事会の議決事項とすることもできます。ただし，監事の解任については，理事や法人の業務を監査するという監事の職務の性質上（法18条），総会の議決事項とすることが原則です。

（報酬等）

第18条　役員は，その総数の3分の1以下の範囲内で報酬を受けることができる。

2．役員には，その職務を執行するために要した費用を弁償することができる。

3．前2項に関し必要な事項は，総会の議決を経て，理事長が別に定める。

> ● 第1項…（法2条2項1号ロ）

第4章　会議

> 会議に関する事項は，必要的記載事項です（法11条1項7号）。

（種別）

第19条　この法人の会議は，総会及び理事会の2種とする。

2．総会は，通常総会及び臨時総会とする。

（法14条の2及び14条の3）

（総会の構成）

第20条　総会は，正会員をもって構成する。

> ● 定款第6条において，「法上の社員」と位置付けた会員を総会の構成員として規定します。

（総会の権能）

第21条　総会は，以下の事項について議決する。

⑴　定款の変更

⑵　解散及び合併

⑶　会員の除名

⑷　事業計画及び予算並びにその変更

⑸　事業報告及び決算

⑹　役員の選任及び解任

⑺　役員の職務及び報酬

⑻　入会金及び会費の額

⑼　資産の管理の方法

⑽　借入金（その事業年度内の収益をもって償還する短期借入金を除く。第47条において同じ。）その他新たな義務の負担及び権利の放棄

⑾　解散における残余財産の帰属

⑿　事務局の組織及び運営

⒀　その他運営に関する重要事項

> ● 定款の個別の条文で総会の議決事項として規定しているものは，全てここに列挙して記載してく

NPO法人定款記載例

ください。総会は法人の最高の意思決定機関ですので，総会の議決事項が何かをこの条文で明確にします（法14条の５）。
- ●総会の法定議決事項は，次の項目です。
  ①定款の変更（法25条１項）
  ②解散（法31条１項１号）
  ③合併（法34条１項）

（総会の開催）

第22条　通常総会は，毎年１回開催する。

２．臨時総会は，次に掲げる場合に開催する。

（1）　理事会が必要と認め，招集の請求をしたとき

（2）　正会員総数の５分の１以上から会議の目的を記載した書面により招集の請求があったとき

（3）　監事が第14条第５項第４号の規定に基づいて招集するとき

- ●第１項…総会は，毎年１回以上開催しなければなりません。（法14条の２）
  「毎事業年度終了後○月以内に開催する。」という表現も可能です。
- ●第２項第１号…（法14条の３第１項）
- ●第２項第２号…（法14条の３第２項）

（総会の招集）

第23条　総会は，前条第２項第３号の場合を除いて，理事長が招集する。

２．理事長は，前条第２項第１号及び第２号の規定による請求があったときは，その日から30日以内に臨時総会を招集しなければならない。

３．総会を招集するときには，会議の日時，場所，目的及び審議事項を記載した書面又は電磁的方法により，開催の日の少なくとも５日前までに通知しなければならない。

- ●総会の招集の方法については，定款で定めなければならず，また，総会の招集は少なくとも５日以上前に行うことを規定してください（法14条の４）。
- ●全ての社員が必ずしも電磁的方法に対応できるとは限りませんので，「招集の通知は，電磁的方法のみとする。」と規定することは不適当です。

（総会の議長）

第24条　総会の議長は，その総会に出席した正会員の中から選出する。

（総会の定足数）

第25条　総会は，正会員総数の２分の１以上の出席がなければ開会することはできない。

（総会の議決）

第26条　総会における議決事項は，第23条第３項の規定によってあらかじめ通知した事項とする。

２．総会の議事は，この定款に規定するもののほか，出席した正会員の過半数をもって決し，可否同数のときは，議長の決するところによる。

- ●あらかじめ通知しない事項についても議決できるようにする場合には，第１項に次のように規定する必要があります（法14条の６）。
  「ただし，緊急の場合については，総会出席者の２分の１以上の同意により議題とすることができる。」
- ●平成24年の法改正により，社員総会の決議の省略をすることができるようになりました。あらかじめ定款で規定する場合は，第３項として次のように規定します（法14条の９）。
  「理事又は正会員が，総会の目的である事項について提案した場合において，正会員全員が書面又は電磁的記録により同意の意思表示をしたときは，当該提案を可決する旨の社員総会の決議があったものとみなす。」

資料編

（総会での表決権等）

第27条　各正会員の表決権は，平等なものとする。

2．やむを得ない理由により総会に出席できない正会員は，あらかじめ通知された事項について書面若しくは電磁的方法をもって表決し，又は他の正会員を代理人として表決を委任することができる。

3．前項の規定により表決した正会員は，前2条及び次条第1項の適用については，総会に出席したものとみなす。

4．総会の議決について，特別の利害関係を有する正会員は，その議事の議決に加わることができない。

> ●第1項及び第2項…（法14条の7）
> ●第2項…「電磁的方法」とは，次の方法を指します。いずれも受信者が記録を書面に出力できるものであることが必要です（特定非営利活動促進法施行規則第1条）。
> ①電子メールの送信による方法
> ②ウェブサイトへの書込みによる方法
> ③磁気ディスクやCD-ROM等の記録媒体を使用する方法
> 第2項のように規定することで，総会に欠席する場合に書面若しくは電磁的方法を用いて賛否を事前に表明することや他の正会員に賛否を一任（委任）することができます。
> ●第4項…（法14条の8）

（総会の議事録）

第28条　総会の議事については，次の事項を記載した議事録を作成しなければならない。

(1)　日時及び場所

(2)　正会員総数及び出席者数（書面若しくは電磁的方法による表決者又は表決委任者がある場合にあっては，その数を付記すること。）

(3)　審議事項

(4)　議事の経過の概要及び議決の結果

(5)　議事録署名人の選任に関する事項

2．議事録には，議長及び総会において選任された議事録署名人2人が，記名押印又は署名しなければならない。

> ●決議を省略した社員総会に係る議事録の記載事項について，あらかじめ定款で規定する場合は，第3項として次のように規定します（法14条の9）。
> 「3．前2項の規定にかかわらず，正会員全員が書面又は電磁的記録による同意の意思表示をしたことにより，総会の決議があったとみなされた場合においては，次の事項を記載した議事録を作成しなければならない。
> (1)　総会の決議があったものとみなされた事項の内容
> (2)　前号の事項の提案をした者の氏名又は名称
> (3)　総会の決議があったものとみなされた日及び正会員総数
> (4)　議事録の作成に係る職務を行った者の氏名」

（理事会の構成）

第29条　理事会は，理事をもって構成する。

> ●理事会を置く場合は，理事会に関する規定を総会の規定と同様に定めることが必要です。

（理事会の権能）

第30条　理事会は，この定款に別に定める事項のほか，次の事項を議決する。

(1)　総会に付議すべき事項

- (2) 総会の議決した事項の執行に関する事項
- (3) その他総会の議決を要しない業務の執行に関する事項

● 理事会に関する権能について，「定款に別に定める事項」以外のものを規定してください。

（理事会の開催）

第31条 理事会は，次に掲げる場合に開催する。
- (1) 理事長が必要と認めたとき
- (2) 理事総数の２分の１以上から理事会の目的である事項を記載した書面により招集の請求があったとき

● 定款第14条第５項第５号の監事の職務に「理事会の招集を請求すること。」と規定を追加した場合は，この条文に(3)として次の規定を置いてください。
「(3)監事から第14条第５項第５号の規定に基づき招集の請求があったとき。」

（理事会の招集）

第32条 理事会は，理事長が招集する。
2．理事長は，前条第２号の規定による請求があったときは，その日から14日以内に理事会を招集しなければならない。
3．理事会を招集するときは，会議の日時，場所，目的及び審議事項を記載した書面又は電磁的方法により，開催の日の少なくとも５日前までに通知しなければならない。

● 全ての理事が必ずしも電磁的方法に対応できるとは限りませんので，「招集の通知は電磁的方法のみとする。」と規定することは不適当です。

（理事会の議長）

第33条 理事会の議長は，理事長がこれにあたる。

（理事会の議決）

第34条 理事会における議決事項は，第32条第３項の規定によってあらかじめ通知した事項とする。
2．理事会の議事は，理事総数の過半数をもって決し，可否同数のときは，議長の決するところによる。

（法17条）

（理事会での表決権等）

第35条 各理事の表決権は，平等なものとする。
2．やむを得ない理由のため理事会に出席できない理事は，あらかじめ通知された事項について書面をもって表決することができる。
3．前項の規定により表決した理事は，前条及び次条第１項の適用については，理事会に出席したものとみなす。
4．理事会の議決について，特別の利害関係を有する理事は，その議事の議決に加わることができない。

（理事会の議事録）

第36条 理事会の議事については，次の事項を記載した議事録を作成しなければならない。
- (1) 日時及び場所
- (2) 理事総数，出席者数及び出席者氏名（書面表決者にあっては，その旨を付記すること。）
- (3) 審議事項

(4)　議事の経過の概要及び議決の結果

　(5)　議事録署名人の選任に関する事項

2．議事録には，議長及びその会議において選任された議事録署名人２人が記名押印又は署名しなければならない。

第5章　資産

　資産に関する事項は，必要的記載事項です（法11条１項８号）。

（資産の構成）

第37条　この法人の資産は，次の各号に掲げるものをもって構成する。

　(1)　設立当初の財産目録に記載された資産

　(2)　入会金及び会費

　(3)　寄付金品

　(4)　財産から生じる収益

　(5)　事業に伴う収益

　(6)　その他の収益

（資産の区分）

第38条　この法人の資産は，特定非営利活動に係る事業に関する資産，その他の事業に関する資産の２種とする。

● 定款第５条に掲げた事業の種類に合わせて記載します。特定非営利活動に係る事業に関する事業のみの場合は，次のように規定してください。
「この法人の資産は，特定非営利活動に係る事業に関する資産とする。」

（資産の管理）

第39条　この法人の資産は，理事長が管理し，その方法は，総会の議決を経て，理事長が別に定める。

第6章　会計

　会計に関する事項は，必要的記載事項です（法11条１項９号）。

（会計の原則）

第40条　この法人の会計は，法第27条各号に掲げる原則に従って行わなければならない。

● 「法第27条各号に掲げる原則」とは，正規の簿記の原則，真実性・明瞭性の原則及び継続性の原則をいいます。

（会計の区分）

第41条　この法人の会計は，特定非営利活動に係る事業会計，その他の事業会計の２種とする。

● 定款第５条に掲げた事業の種類に合わせて記載します。特定非営利活動に係る事業に関する事業のみの場合は，次のように規定してください（法５条２項）。
「この法人の会計は，特定非営利活動に係る事業会計とする。」

（事業年度）

第42条　この法人の事業年度は，毎年４月１日に始まり，翌年３月31日に終わる。

● 事業年度は，必要的記載事項です（法11条１項10号）。

（事業計画及び予算）

第43条 この法人の事業計画及びこれに伴う予算は，毎事業年度ごとに理事長が作成し，総会の議決を経なければならない。

（暫定予算）

第44条 前条の規定にかかわらず，やむを得ない理由により予算が成立しないときは，理事長は，理事会の議決を経て，予算成立の日まで前事業年度の予算に準じ収益費用を講じることができる。

2．前項の収益費用は，新たに成立した予算の収益費用とみなす。

（予算の追加及び更正）

第45条 予算成立後にやむを得ない事由が生じたときは，総会の議決を経て，既定予算の追加又は更正をすることができる。

（事業報告及び決算）

第46条 この法人の事業報告書，活動計算書，貸借対照表及び財産目録等決算に関する書類は，毎事業年度終了後，速やかに，理事長が作成し，監事の監査を受け，総会の議決を経なければならない。

2．決算上剰余金を生じたときは，次事業年度に繰り越すものとする。

> ● 平成24年の法改正により，従来の収支計算書が活動計算書（1年で正味財産がどれだけ増減したかを，その原因の面から表すもの）に変更になりました。
> ● 毎事業年度終了後，前事業年度の事業報告書，計算書類（活動計算書及び貸借対照表）及び財産目録を作成し，全ての事務所に備え置き，請求があったときは閲覧させなければなりません。また，3か月以内に所轄庁に提出しなければなりません（法28条，29条）。
> ● 第2項…構成員（役員，会員等）に剰余金を分配することは認められませんので，剰余金の扱いを明確にするために規定してください（法2条2項1号）。

（臨機の措置）

第47条 予算をもって定めるもののほか，借入金の借入れその他新たな義務の負担をし，又は権利の放棄をしようとするときは，総会の議決を経なければならない。

第7章　定款の変更，解散及び合併

> 定款の変更と解散に関する事項は，必要的記載事項です（法11条1項12号及び13号）。

（定款の変更）

第48条 この法人が定款を変更しようとするときは，総会に出席した正会員の4分の3以上の多数による議決を経，かつ，法第25条第3項に規定する事項については，所轄庁の認証を得なければならない。

2．この法人の定款を変更（前項の規定により所轄庁の認証を得なければならない事項を除く。）したときは，所轄庁に届け出なければならない。

> ● 法25条3項に規定する事項に係る変更は，所轄庁の認証を受けたときに効力を生じます。総会で議決しただけでは効力を生じません。また，定款の変更の際には，原則として，社員総数の2分の1以上が出席し，その出席した社員の4分の3以上の議決が必要となります（法25条2項）。
> ● 法25条3項に規定する事項は，10項目に限定されています。認証を受ける必要がある定款の変更事項を明確にしておきたい場合は，第1項に次のように規定してください。
> 「この法人が法第25条第3項に規定する次に掲げる事項について定款を変更しようとするときは，総会に出席した正会員の4分の3以上の多数による議決を経，かつ，所轄庁の認証を得なければ

ならない。
(1) 目的
(2) 名称
(3) その行う特定非営利活動の種類及び当該特定非営利活動に係る事業の種類
(4) 主たる事務所及びその他の事務所の所在地（所轄庁の変更を伴うものに限る。）
(5) 社員の資格の得喪に関する事項
(6) 役員に関する事項（役員の定数に係るものを除く。）
(7) 会議に関する事項
(8) その他の事業を行う場合には，その種類その他当該その他の事業に関する事項
(9) 解散に関する事項（残余財産の帰属すべき者に係るものに限る。）
(10) 定款の変更に関する事項

（解散）
第49条 この法人は，次に掲げる事由により解散する。
(1) 総会の決議
(2) 目的とする特定非営利活動に係る事業の成功の不能
(3) 正会員の欠亡
(4) 合併
(5) 破産手続開始の決定
(6) 所轄庁による設立の認証の取消し
2. 前項第１号の事由によりこの法人が解散するときは，正会員総数の４分の３以上の議決を経なければならない。
3. 第１項第２号の事由によりこの法人が解散するときは，所轄庁の認定を得なければならない。

- 第１項…(法31条１項１号，３号，４号，５号，６号及び７号)
- 第１項第３号…定款第６条の会員の種別で法上の社員と位置付けた会員を記載します。
- 第２項…解散の決議には，原則として社員総数の４分の３以上の議決が必要となります（法31条の２）。
- 第３項…(法31条２項)

（残余財産の帰属）
第50条 この法人が解散（合併又は破産手続開始の決定による解散を除く。）したときに残存する財産は，法第11条第３項に掲げる者のうち，総会において議決したものに譲渡するものとする。

- 残余財産を譲渡できる相手は，法の規定により次の者に限られます。
①他の特定非営利活動法人，②国，③地方公共団体，④公益社団法人，⑤公益財団法人，⑥学校法人，⑦社会福祉法人，⑧更生保護法人
- 帰属先を定めない場合，又は帰属先が明確でない場合は，国又は地方公共団体に譲渡されるか国庫に帰属することとなります。

（合併）
第51条 この法人が合併しようとするときは，総会において正会員総数の４分の３以上の議決を経，かつ，所轄庁の認証を得なければならない。

- 合併の決議には，原則として社員総数の４分の３以上の議決が必要となります（法34条）。

第８章　公告の方法

公告の方法は，必要的記載事項です（法11条１項14号）。

NPO法人定款記載例　**187**

（公告の方法）

第52条　この法人の公告は，この法人の掲示場に掲示するとともに，官報に掲載して行う。ただし，法第28条の２第１項※に規定する貸借対照表の公告については，この法人のホームページにおいて行う。

> **（法28条の２第１項※ 31条の10第４項及び31条の12第４項）**
> ● 「公告」とは，第三者の権利を保護するため，第三者の権利を侵害するおそれのある事項について広く一般の人に知らせることです。以下の場合については，官報に掲載することが必須です。
> 　①解散した場合に清算人が債権者に対して行う公告
> 　②清算人が清算法人について破産手続開始の申立てを行った旨の公告
> ● 平成28年の法改正により，NPO法人は，毎事業年度，次の①〜④のうち定款で定める方法により貸借対照表を公告することが義務付けられました。
> 　①官報に掲載する方法（法28条の２第１号）
> 　②日刊新聞紙に掲載する方法（法28条の２第２号）
> 　③電子公告（法28条の２第３号）
> 　④法人の主たる事務所の公衆の見やすい場所に掲示する方法（法28条の２第４号）
> 「この法人の公告は，この法人の掲示場に掲示するとともに，官報に掲載して行う。」と規定している場合（第52条のようなただし書きがない場合）は，貸借対照表についても掲示場への掲示と官報への掲載が必要になります。

※刊行時未施行

第９章　事務局

（事務局の設置）

第53条　この法人に，この法人の事務を処理するため，事務局を設置することができる。

２．事務局には，事務局長及び必要な職員を置くことができる。

（職員の任免）

第54条　事務局長及び職員の任免は，理事長が行う。

（組織及び運営）

第55条　事務局の組織及び運営に関し必要な事項は，総会の議決を経て，理事長が別に定める。

第10章　雑則

（細則）

第56条　この定款の施行について必要な細則は，理事会の議決を経て，理事長がこれを定める。

附則

１．この定款は，この法人の成立の日から施行する。

２．この法人の設立当初の役員は，次のとおりとする。

　理事長　　　○○○○
　副理事長　　○○○○
　副理事長　　○○○○
　理事　　　　○○○○
　監事　　　　○○○○
　監事　　　　○○○○

３．この法人の設立当初の役員の任期は，第15条第１項の規定にかかわらず，この法人の成立の日から平成○○年○○月○○日までとする。

４．この法人の設立当初の事業年度は，第42条の規定にかかわらず，この法人の成立の日から平

成〇〇年〇〇月〇〇日までとする。

5．この法人の設立当初の事業計画及び予算は，第43条の規定にかかわらず，設立総会の定めるところによる。

6．この法人の設立当初の入会金及び会費は，第8条の規定にかかわらず，次に掲げる額とする。

⑴　入会金　正会員（個人・団体）〇〇〇〇円　賛助会員（個人・団体）〇〇〇〇円

⑵　年会費　正会員（個人・団体）〇〇〇〇円　賛助会員（個人・団体）1口〇〇円

（1口以上）

法2条1項の別表に掲げる分野

1　保健，医療又は福祉の増進を図る活動

2　社会教育の推進を図る活動

3　まちづくりの推進を図る活動

4　観光の振興を図る活動

5　農山漁村又は中山間地域の振興を図る活動

6　学術，文化，芸術又はスポーツの振興を図る活動

7　環境の保全を図る活動

8　災害救援活動

9　地域安全活動

10　人権の擁護又は平和の推進を図る活動

11　国際協力の活動

12　男女共同参画社会の形成の促進を図る活動

13　子どもの健全育成を図る活動

14　情報化社会の発展を図る活動

15　科学技術の振興を図る活動

16　経済活動の活性化を図る活動

17　職業能力の開発又は雇用機会の拡充を支援する活動

18　消費者の保護を図る活動

19　前各号に掲げる活動を行う団体の運営又は活動に関する連絡，助言又は援助の活動

20　前各号に掲げる活動に準ずる活動として都道府県又は指定都市の条例で定める活動

- 附則は，法人として成立する時点（設立当初）で決まっていなければならない事項を定めたものです。原則として，一度規定した附則の削除・変更はできません。また，設立当初の附則は，設立総会の議決内容と整合するようにしてください。
- 附則2…設立当初の役員は，定款に記載することと法定されています（法11条2項）。日本語の文字（漢字，ひらがな，カタカナ）以外の文字で氏名を記載する場合は，括弧書きでフリガナを記載してください。
- 附則3…設立当初の役員の任期は2年以内とすることが必要です。
設立当初の役員の任期の末日を2年以内で事業年度終了日より2～3ヶ月後にずらすことにより，役員の不在（役員の選任漏れや任期切れ）を防ぐことができます。
- 附則6…設立当初の入会金及び会費の額については，設立総会で決定し，附則に会員種別ごとに記載します。

【定款の変更をする場合の注意点】
- 定款の変更をした場合は，現行附則の下に次のように改正附則を追加し，施行日（所轄庁の認証が必要となる場合は「認証日」（認証書が到達した日），所轄庁への届出で足りる場合は「総会の議決日」）を記載します。
「附則　この定款は，平成〇〇年〇〇月〇〇日から施行する。」

● 事業年度の変更に係る定款の変更をした場合は，現行附則の下に施行日及び施行日を含む事業年度について，次のように記載します。

「附則

1　この定款は，平成○○年○○月○○日から施行する。

2　第42条の規定にかかわらず，平成○○年○○月○○日から始まる平成○○年度の事業年度は平成○○年○○月○○日までとする。」

東京都NPO法人ポータルサイト「特定非営利活動法人ガイドブック本編」より作成
http://www.npo.metro.tokyo.jp/npo/pages/provide/cmn/link/form2904/pdf/002-teikankisairei.pdf

市民後見人等第三者後見人による任意後見契約文例

任意後見契約公正証書

　本公証人は，委任者〇〇〇〇（以下，甲という。）及び受任者〇〇〇〇（以下，乙という。）の嘱託により，次の法律行為に関する陳述の趣旨を録取し，この証書を作成する。

（契約の趣旨・契約の発効）

第1条　甲は，乙に対し，平成〇〇年〇〇月〇〇日，任意後見契約に関する法律（以下，任意後見契約という。）に基づき，同法律第4条第1項所定の要件に該当する状況（精神上の障害により事理を弁識する能力が不十分な状況）における甲の生活，療養看護及び財産の管理に関する事務（以下，後見事務という。）を委託し，乙はこれを受任する。

2．前項の契約（以下，本契約という。）は，任意後見監督人が選任された時からその効力が生じる。

3．本契約締結後の甲乙間の法律関係については，任意後見契約法及び本契約に定めるもののほか，民法その他の法令の規定に従う。

（後見事務の範囲・管理対象財産）

第2条　甲は，乙に対し，別紙「代理権目録」（第2の「同意（承認）を要する旨の特約目録」添付のもの）記載の後見事務（以下，本件後見事務という。）を委任し，その事務遂行のための代理権を付与する。

2．乙は，同代理権目録第2「同意（承認）を要する旨の特約目録」所定の事務を行うときは，任意後見監督人の書面による同意を得るものとする。

3．乙が本件後見事務により管理する財産は，甲の所有する全財産とする。なお，本契約締結時に甲に帰属する財産は，別紙「財産目録」（省略）記載のとおりである。

（任意後見監督人の選任）

第3条　本契約締結後，甲が精神上の障害により事理を弁識する能力が不十分な状況になり，乙が本契約による後見事務を行うことを相当と認めたときは，乙は，家庭裁判所に対し任意後見監督人の選任の審判を申し立てなければならない。

（本人の意思の尊重・身上配慮義務）

第4条　乙は，本件後見事務を遂行するに当たっては，甲の意思を尊重し，かつ，甲の身上に配慮するものとし，その事務遂行のため，月1回程度を基準にして甲と面接し，ヘルパーその他日常生活援助者から甲の生活状況につき報告を求め，主治医その他の医療関係者から甲の心身の状態につき説明を受けるなどにより，甲の生活状況及び健康状態の把握に努めるものとする。

（いざという時の意思表示）

第5条　乙は，本契約第2条の代理権目録に定めた後見事務を遂行するに当たって，甲が作成する「いざという時の意思表示（宣言書）」を本人の意思として尊重し，これに沿った内容の介護，福祉，医療その他のサービスが実現するように努めるものとする。ただし，この宣言書によって代理権目録に記載した乙の代理権に制限を加えるものではなく，また，乙がこの宣言書の内容に沿って本件後見事務を行うことが甲の福祉に適当でないと判断したときは，任意後見監督人との協議により「いざという時の意思表示」の趣旨を斟酌し，より適切な本件後見事務を行うものとする。

（証書等の保管等）

第6条　乙は，甲から本件後見事務遂行のために次の証書等（以下，証書等という。）の引渡し

を受けたときは，甲に対しその明細及び保管方法を記載した預かり証を交付する。

　　①登記済権利証，②実印・銀行印，③印鑑登録カード，④預貯金通帳，株券その他の有価証券，⑤年金関係書類，⑥各種キャッシュカード，⑦重要契約書類，⑧保険証券，⑨その他甲と乙が合意したもの

２．乙は，前項の証書等の引渡しを受けたときは，これを保管するとともに，本件後見事務遂行のために使用することができる。

３．乙は，本契約の効力発生後，甲以外の者が第１項記載の証書等を占有所持しているときは，その者からこれらの証書等の引渡しを受けて，自らこれを保管することができる。

４．乙は，本件後見事務を遂行するために必要な範囲で，甲宛の郵便物その他の通信を受領し，本件後見事務に関連すると思慮するものを開封することができる。

（証書等の保管）

第７条　乙は，本件後見事務を遂行するに当たり，次の書類を作成，保管するものとする。

　⑴　任意後見監督人選任時における財産目録及び証書等の保管等目録

　⑵　本件後見事務に関する会計帳簿及び事務遂行日誌

　⑶　本件後見事務終了時における事務引継関係書類及び財産目録

２．乙は，前項の書類を本契約終了後10年間保存しなければならない。

（費用の負担）

第８条　乙が本件後見事務を遂行するために必要な費用は，甲の負担とし，乙は，その管理する甲の財産から，これを支出することができる。

（報酬）

第９条　甲は，乙に対し，任意後見監督人を選任して後見事務を開始するための報酬として，金５万円（消費税及び印紙代，交通費等の実費別。以下すべて同じ。）を支払うものとし，乙は，本契約の効力発生後，その管理する甲の財産からその支払いを受けることができる。

２．甲は，乙に対し，本契約の後見事務処理の報酬として，月額金20,000円を翌月１日に支払うものとし，乙は，その管理する甲の財産からその支払いを受けることができる。ただし，乙の事務処理が出張を伴い，その事務処理時間が10時間を超えた場合は，１日につき３時間以内は金4,000円を，３時間を超えるときは金8,000円を限度として別途支払うものとする。

３．前２項の報酬額が次の事由により不相当となった場合には，甲及び乙は，任意後見監督人と協議の上，これを変更することができる。

　⑴　甲の生活状況または健康状態の変化

　⑵　経済情勢の変動，その他現行報酬額を不相当とする特段の事情の発生

４．前項の場合において，甲がその意思を表示することができない状況にあるときは，乙は，任意後見監督人の書面による同意を得てこれを変更することができる。

５．第３項の変更契約は，公正証書によってしなければならない。

（報告等）

第10条　乙は，任意後見監督人に対し，３ヶ月ごとに，本件後見事務に関する次の事項について書面で報告する。

　⑴　乙の管理する甲の財産の管理状況及び甲の身上保護につき行った措置

　⑵　費用の支出及び使用状況及び報酬の収受

（契約の解除）

第11条　任意後見監督人が選任される前においては，甲または乙は，いつでも公証人の認証を受けた書面によって，本契約を解除することができる。

２．任意後見監督人が選任された後においては，甲または乙は，正当な事由がある場合に限り，家庭裁判所の許可を得て，本契約を解除することができる。

（契約の終了）

第12条　本契約は，次の場合に終了する。

　(1)　甲または乙が死亡または破産したとき

　(2)　甲または乙が，後見開始，保佐開始または補助開始の審判を受けたとき

（終了時の財産の引継ぎ）

第13条　乙は，本契約が終了した場合は，本件後見事務を甲，甲の相続人，または甲の法定代理人等に速やかに引き継ぐものとする。残余財産，帳簿類及び証書類等の引渡しについても同様とする。

2．前項の事務遂行に要する費用は，甲の財産から支弁する。

3．本契約が終了した場合，第1項の事務遂行に対する報酬は，次の各号により，甲の財産から支弁する。

　(1)　相続財産管理人を選任して引渡した場合は金○○万円

　(2)　その他の場合は金○○万円

（後見登記）

第14条　乙は，本契約に関する登記事項につき，変更が生じたことを知ったときは，嘱託により登記がなされる場合を除き，変更の登記を申請しなければならない。

2．乙は，本契約が終了したときは，嘱託により登記がなされる場合を除き，終了の登記を申請しなければならない。

（守秘義務）

第15条　乙は，本件後見事務に関して知り得た甲の秘密を，正当な理由なく第三者に漏らしてはならない。

（後見等開始の審判の申立て）

第16条　本契約締結後，甲の利益のため特に必要があると認めるときは，乙は，家庭裁判所に対し，後見等開始の審判の申立てをすることができる。

2．乙が前項の申立てをしたときは，甲は乙に対し，報酬として金5万円（消費税及び印紙代，交通費等の実費別）を支払うものとする。

別 紙

代理権目録

第1　代理権を付与する事項

1　財産の管理，保存及び処分に関する事項
2　金融機関，郵便局との預貯金取引及び貸金庫契約に関する事項
3　定期的な収入の受領，定期的な支出・費用の支払い等に関する事項
4　生活費の送金，生活に必要な財産の購入に関する事項
5　借地及び借家契約の締結，変更，解除などに関する事項
6　相続の承認及び放棄，遺産分割または遺留分減殺請求に関する事項
7　保険・共済契約の締結，保険金等の受領など保険に関する事項
8　各種登記の申請，住民票・戸籍謄抄本・登記事項証明書その他の行政機関の発行する証明書の請求・受領
9　親書・封書（留置き郵便物）の受領
10　要介護認定の申請，認定の承認または異議申立て等に関する事項
11　介護契約，その他の福祉サービスの利用契約に関する事項
12　有料老人ホームの入居契約を含む福祉関係施設への入所に関する契約，その他の福祉関係の措置等に関する事項
13　居住用不動産の購入，新築，増改築及び修繕に関する事項
14　医療契約，入院契約に関する事項
15　訪問販売，通信販売等各種取引の申込みの撤回，契約の解除，契約の無効，取消しの意思表示並びに各種請求に関する事項
16　各種紛争処理のための裁判外の和解（示談），仲裁契約及び弁護士に対して訴訟行為及び民事訴訟法第55条第2項の授権をすること
17　新たな任意後見契約の締結に関する事項
18　配偶者及び子の法定後見の申立て
19　復代理人の選任及び事務代行者の指定に関する事項
20　以上の各事項に関連する一切の事項

第2　同意（承認）を要する旨の特約目録

1　不動産の購入，処分及び住居等の新築，増改築
2　福祉関係施設等への入所・入居契約の締結，変更及び解除
3　弁護士に対して訴訟行為及び民事訴訟法第55条第2項の特別授権事項について授権すること
4　復代理人の選任

出典：遠藤英嗣「高齢者を支える市民・家族による新しい地域後見人制度」p207以下

監修者／著者紹介

監修者

齋藤　修一（さいとう　しゅういち）

品川区社会福祉協議会　品川成年後見センター所長

1950年，福島県生まれ。73年中央大学法学部卒。79年品川区役所入職。総務課，企画課などを経て，03年品川区社会福祉協議会派遣。11年より品川成年後見センター所長。内閣府成年後見制度利用促進委員会臨時委員などを歴任。

17年8月7日没。

著　者

一般社団法人全国地域生活支援機構（Japan Local Life Support Association　略称JLSA）

東京大学政策ビジョン研究センター市民後見研究実証プロジェクトの事務局メンバーや，銀行や保険のコンサルタント等が中心となって，2015年6月に設立。

心身に不安を抱える高齢者や障害者等の日常生活支援から，相続承継，成年後見に至る「切れ目のないサポート」を，地域の市民団体と協働で実現することを目的としており，自治体・民間企業・市民団体の三者のハブ機能の提供と，市民団体の後見活動をサポートするプラットフォームの提供を目指している。

現在，企業とタイアップした民間版地域包括ケアや，医療・介護・企業向けの成年後見制度実務研修を実施するとともに，自治体や社会福祉協議会に対し，市民後見人養成講座の運営や法人後見のサポートを通じて，地域連携ネットワーク構築に係るハンズオン支援を提案中。

執筆者

金原　和也（かなはら　かずや）

一般社団法人全国地域生活支援機構　代表理事

大学病院の医療ソーシャルワーカーを経て，高齢者施設等にて生活相談員，介護相談員として長年勤務。東京大学政策ビジョン研究センター市民後見研究実証プロジェクトにおいて，市民後見人の教育・講座の運営に携わるとともに，成年後見に関する様々な相談等を経験。

現在，大学の医学部や医療保健学部において，医学教育（医療コミュニケーション）に従事する傍ら，首都圏の市民後見法人の後見事務を広範にサポート中。

現在，認知症の実母の補助人。日本医学教育学会会員。

尾川　宏豪（おがわ　ひろひで）

株式会社野村総合研究所　上級研究員

大手信託銀行等での個人営業・中小企業金融の経験を経て，2006年より現職。

6年前から，銀行窓販における販売勧誘ルールの実態調査をきっかけに，認知症高齢者に対する金融機関の関わり方や提供サービスについての調査研究に従事。

現在，高齢者の繕活を起点とする「現代版隠居」の仕組み作りや，金融機関の成年後見事業の取組み推進を支援。一方，寄付・遺贈付き商品・サービスを使ったエリアクラウドによる成年後見の社会化を推進中。

成年後見制度のソリューション

法人後見のてびき
―利用促進の原動力「地域連携ネットワーク・
　中核機関」の構築運営に向けて―

定価：本体2,700円（税別）

平成29年9月25日　初版発行

監　　修	齋　藤　修　一
	一般社団法人全国地域 生 活 支 援 機 構
著　　者	金　原　和　也
	尾　川　宏　豪
発 行 者	尾　中　哲　夫

発行所　日本加除出版株式会社

本　　社　郵便番号 171-8516
　　　　　東京都豊島区南長崎3丁目16番6号
　　　　　ＴＥＬ（03）3953-5757（代表）
　　　　　　　　（03）3952-5759（編集）
　　　　　ＦＡＸ（03）3953-5772
　　　　　ＵＲＬ　http://www.kajo.co.jp/

営 業 部　郵便番号 171-8516
　　　　　東京都豊島区南長崎3丁目16番6号
　　　　　ＴＥＬ（03）3953-5642
　　　　　ＦＡＸ（03）3953-2061

組版・印刷　㈱郁　文　／　製本　牧製本印刷㈱
表紙「犬」イラスト：柿本麻衣

落丁本・乱丁本は本社でお取替えいたします。
© 2017
Printed in Japan
ISBN978-4-8178-4427-9 C2032 ¥2700E

JCOPY 〈出版者著作権管理機構　委託出版物〉
　本書を無断で複写複製（電子化を含む）することは，著作権上の例外を除
き，禁じられています。複写される場合は，そのつど事前に出版者著作権管理
機構（JCOPY）の許諾を得てください。
　また本書を代行業者等の第三者に依頼してスキャンやデジタル化することは，
たとえ個人や家庭内での利用であっても一切認められておりません。

　〈JCOPY〉　ＨＰ：http://www.jcopy.or.jp，e-mail：info@jcopy.or.jp
　　　　　　電話：03-3513-6969，FAX：03-3513-6979

成年後見人のための精神医学ハンドブック

五十嵐禎人 著
2017年2月刊 A5判 324頁 本体2,900円+税 978-4-8178-4371-5

- 被後見人の自己決定支援を適切に行うために欠かせない医学的知識やコミュニケーションの取り方について、医師の立場から解説。
- 成年後見に関する法制度の解説に加えて、判断能力の精神医学的評価方法や障害者権利条約等が要請する自己決定支援のあり方なども詳述。

商品番号：40664
略　　号：成医

意思決定支援 ライフプランノート
別冊解説付

社会福祉法人 品川区社会福祉協議会 品川成年後見センター 編
2015年3月刊 B5判 88頁 本体1,200円+税 978-4-8178-4220-6

- 本人と支援者、双方の利用を想定した一冊。
- 本人のこれまでの生き方、これからの希望、いざという時にどのような支援を望むのかについて、家族や支援者などと一緒に考えながら書き進めることができる。参考となる別冊の「相談実務に基づく解説」も参照可能。

商品番号：40582
略　　号：ライフ

高齢者を支える 市民・家族による 新しい地域後見人制度
市民後見人の実務コメント付き

遠藤英嗣 著
2015年2月刊 A5判 408頁 本体3,500円+税 978-4-8178-4212-1

- 法定後見制度、任意後見制度（任意後見契約）、後見事務（死後事務を含む。）、見守り委任契約と任意の財産管理契約と死後事務委任契約、福祉型の家族信託、認知症と後見など、市民後見人の育成に必須の内容を解説。
- 後見に関わるNPO法人や社会福祉協議会、市区町村職員におすすめ。

商品番号：40578
略　　号：地後見

成年後見監督人の手引き

公益社団法人 成年後見センター・リーガルサポート 編著
2014年9月刊 B5判 240頁 本体2,500円+税 978-4-8178-4188-9

- 後見監督業務に特化した「唯一の実務書」。
- 「後見人や被後見人・親族との関係の築き方」「後見人に伝えるべき留意点」「職務上で気をつけるべき点」等、押さえておきたいポイントを網羅。
- 場面ごとで必要となる書式例も多数収録。

商品番号：40564
略　　号：成監

日本加除出版

〒171-8516　東京都豊島区南長崎3丁目16番6号
TEL（03）3953-5642　FAX（03）3953-2061（営業部）
http://www.kajo.co.jp/